Sabine Gillitzer, Brigitte Kahnwald,
Renate Schwertl, Wolfgang Wied

Prüfungsfragen für Buchhändler

Sabine Gillitzer,
Brigitte Kahnwald,
Renate Schwertl,
Wolfgang Wied

Prüfungsfragen für Buchhändler

7., völlig überarbeitete und aktualisierte Auflage

Lexika Verlag®

Bibliografische Information Der Deutschen Bibliothek
Die Deutsche Bibliothek verzeichnet diese Publikation in der Deutschen Nationalbibliografie; detaillierte bibliografische Daten sind im Internet über http://dnb.ddb.de abrufbar.

Lexika Verlag erscheint bei Krick Fachmedien GmbH + Co. KG, Würzburg

Druck: Schleunungdruck, Marktheidenfeld
Printed in Germany
ISBN 3-89694-294-8

Vorwort

Dieses Buch wendet sich in erster Linie an Auszubildende im Buchhandel, die vor der Abschlussprüfung stehen. Es ist aber auch für die Lernzielkontrolle oder zur Auffrischung von Kenntnissen geeignet.

Im Zuge der Neugestaltung des Rahmenlehrplans für die Ausbildung zur Buchhändlerin/zum Buchhändler und der damit verbundenen Weiterentwicklung der Inhalte wurde es notwendig, die bisherige Ausgabe von Joachim Krause völlig zu überarbeiten. Überholte Erkenntnisse wurden herausgenommen, aktuelle Entwicklungen auf dem Buchmarkt, neue Gesetze und Bestimmungen (z.B. das neue Preisbindungsgesetz) eingearbeitet.

Das Fachgebiet Buchhandelslehre/Sortimentskunde bearbeitete Dr. Sabine Gillitzer, Brigitte Kahnwald den Bibliografieteil, Renate Schwertl den Abschnitt Verlagskunde und den Bereich Literatur Wolfgang Wied.

Die Antworten zu den Prüfungsfragen entsprechen dem Stand Juni 2003. Wie die Entwicklung der letzten Jahre gezeigt hat, ist in der Buchbranche vieles im Fluss, und so ist abzusehen, dass sich bald wieder Änderungen ergeben, die eine Überarbeitung der folgenden Auflagen notwendig machen. Darüber hinaus sind wir immer für Anregungen oder Vorschläge zur Ergänzung dankbar.

München, im September 2003, das Autorenteam

Inhalt

Tipps zur Prüfungsvorbereitung und Prüfungstaktik

Planung und Organisation

Stellen Sie frühzeitig fest, ob Ihre Unterlagen auch tatsächlich vollständig sind. Es wäre zu ärgerlich, wenn sich eine Prüfungsaufgabe in weiten Teilen auf ein Thema bezieht, zu dem Sie leider das Arbeitsblatt nicht mehr finden konnten. Verschaffen Sie sich mithilfe der sachlichen und zeitlichen Gliederung zur Berufsausbildung (Teil Ihres Ausbildungsvertrags) oder des Stoffkatalogs (für die von der AkA Nürnberg gestellte Multiple-Choice-Prüfung können Sie den Stoffkatalog beim U-Form-Verlag beziehen) einen Überblick darüber, was Sie alles können sollen. Bedenken Sie dabei, dass nicht nur die Berufsschule Sie zur Prüfung hingeführt hat, sondern Ihnen viele Dinge eigentlich aus Ihrer betrieblichen Praxis vertraut sind.

Auf dieser Basis erstellen Sie sich dann einen Lernplan. Stellen Sie zunächst fest, wie viel Zeit Ihnen wöchentlich zum Lernen verbleibt. Mehr als sechs Stunden täglich werden Sie übrigens auch unter optimalen Bedingungen (Urlaub zur Prüfungsvorbereitung) nicht arbeiten können. Beziehen Sie einen Puffer in Ihre Planung ein, immerhin könnten Sie ja während der Prüfungsvorbereitung auch durch höhere Gewalt (z.B. Krankheit) Zeit verlieren. Lassen Sie auch die letzten zwei Tage vor der Prüfung aus Ihrer Planung heraus, damit Sie sich nicht auf der Zielgeraden noch unter Zeitdruck setzen.

Die Stoffgebiete, die Sie bereits völlig verdrängt haben, sollten Sie an den Anfang des Plans setzen, weil „neuer" Stoff nicht erst kurz vor knapp gelernt werden sollte. An das Ende stellen Sie die Teile des Stoffs, die die Prüfungsschwerpunkte bilden. Falls Sie sich nicht mit einer Wochenplanung begnügen wollen und lieber tageweise planen, bedenken Sie bitte, dass Sie für genügend Abwechslung sorgen. Aus lernpsychologischen Gründen sollten Sie nicht ähnliche Themen nacheinander lernen. Also ist es sinnvoll, nach einem Thema aus der Buchhandelsbetriebslehre eines aus der Wirtschafts- und Sozialkunde zu bearbeiten.

Es fällt Ihnen schwer, Pläne durchzuhalten? Hier gibt es gleich mehrere Möglichkeiten dafür zu sorgen, dass es mit Ihrer Lernplanung für die Abschlussprüfung anders wird. Eine wichtige Voraussetzung dafür ist, dass Sie bei der Zeitplanung realistisch sind. Nehmen Sie sich nicht zu viel vor, sowohl was die Lernzeiten angeht als auch die Stoffmenge, die Sie in einer bestimmten Zeit bewältigen wollen.

Tun Sie sich mit anderen zusammen. Der Vergleich in der Gruppe, wer bereits wie viel gelernt hat, beflügelt alle. Außerdem besteht dann auch ein gewisser heilsamer Druck, wenn Sie bis zum nächsten Treffen bestimmte Aufgaben zu erledigen haben, die die anderen Gruppenmitglieder von Ihnen erwarten. Wichtig ist, dass die übrigen Gruppenmitglieder auf einem ähnlichen Leistungsniveau wie Sie stehen, sonst könnte es leicht zu Irritationen und Frustrationen kommen. Eine Lerngruppe sollte partnerschaftlich arbeiten können.

Nicht minder wichtig für die Einhaltung Ihres Plans ist, dass Sie sich auch belohnen. Sie können zufrieden sein mit jedem einzelnen Schritt, den Sie erfolgreich bewältigt haben. Denken Sie deswegen auch ruhig von Schritt zu Schritt, das ist überschaubarer, als wenn Sie sich immer am Fernziel Abschlussprüfung orientieren. Schauen Sie lieber auf das bereits Erreichte als auf das, was Sie noch nicht getan haben und beziehen Sie daraus Auftrieb. Setzen Sie sich zusätzlich auch selbst Anreize etwa im Stile von: „Wenn ich das Pensum der Woche geschafft habe, gehe ich danach ein Eis essen." Dadurch geben Sie sich eine positive Verstärkung. Auf keinen Fall sollten Sie sich „trösten", wenn Sie Ihren Plan nicht einhalten konnten. Das wäre genau das falsche Signal, denn dann würden Sie die unerwünschte Verhaltensweise belohnen und so immer weiter vom Erfolgspfad abkommen.

Organisieren Sie sich ein optimales Lernumfeld. Suchen Sie sich einen Platz zum Arbeiten, der Ihnen angenehm ist und die erforderliche Ruhe bietet. Das muss nicht zwangsläufig Ihr bisheriger Schreibtisch sein. Entscheidend ist, dass Ihnen das Lernen an Ihrem Arbeitsplatz nicht widerstrebt und keine wesentlichen Störfaktoren vorhanden sind. Sofern Sie aufgrund der Gegebenheiten (z.B. chaotische WG-Mitbewohner) zu Hause nicht gut arbeiten können, suchen Sie sich am besten frühzeitig eine Ausweichmöglichkeit, etwa im Lesesaal einer öffentlichen Bibliothek. Übrigens: Lernen muss nicht wehtun, wenn es Ihnen schwer fällt, bei schönstem Sommerwetter zu lernen, dann suchen Sie sich doch einen Arbeitsplatz im Freien. Die einzige Erschwernis bei Arbeitsplätzen außer Haus ist, dass Sie immer alle erforderlichen Materialien extra mitnehmen müssen.

Gehen Sie nur in entspanntem Zustand ans Lernen. Es hat zum Beispiel wenig Sinn, kurz nach einem Streit mit einer wichtigen Person in ihrem beruflichen oder privaten Umfeld, lernen zu wollen. Sie sind dann mit Ihren Gedanken noch bei der anderen Sache. Selbst wenn Sie scheinbar gut vorankommen mit der Arbeit, werden Sie später feststellen müssen, dass Sie so gut wie nichts behalten haben.

Machen Sie Lernpausen. Das hilft Ihrem Gehirn, die bis dahin aufgenommenen Inhalte zu verarbeiten. Alle 20 bis 30 Minuten eine Kurzpause von etwa fünf Minuten, bei der Sie von Ihrem Arbeitsplatz aufstehen. 15 bis 20 Minuten Kaffeepause dürfen Sie sich nach etwa zwei Stunden Lernen gönnen, anschließend gehen Sie nochmals für eine Stunde ans Werk. Größere Erholungspausen von gut einer Stunde Dauer stehen Ihnen nach drei Stunden Arbeit zu.

Lerntechniken

Es wird immer wieder Inhalte geben, die Sie einfach auswendig lernen müssen. Welche das sind, hängt von Ihnen selbst ab. Ihr Lernerfolg, gerade auch im Hinblick auf die Abrufbarkeit des Wissens in der Prüfungssituation, wird jedoch größer sein, wenn Sie sich die Inhalte erarbeiten. Zusammenfassungen sind ein gutes Mittel, weil Sie dafür die wesentlichen Strukturen der Inhalte herausarbeiten müssen. Auf diese Weise organisieren Sie den Lernstoff für die Verarbeitung in Ihrem Gedächtnis, denn Kategorien/Oberbegriffe oder Handlungsschemata erleichtern das Einordnen von Details.

Es gibt viele Möglichkeiten, wie eine Zusammenfassung umgesetzt werden kann. Sie müssen für sich die Methode finden, die Ihnen entgegenkommt. Wer ein eher visueller Typ ist, wird auch eine entsprechende optische Strukturierung bevorzugen. Dann sind hierarchische Darstellungen für ihn von Vorteil.

Auch Mind Mapping ist für den visuellen Typ eine gute Möglichkeit. Diese Methode kann hier nur knapp skizziert werden. Die Literatur zum Thema füllt Regale. Für ein Mind Map nehmen Sie ein weißes Blatt im Querformat und setzen in die Mitte das Thema in eine Wolke. Davon gehen maximal sieben Hauptäste ab, die die grundlegenden Ordnungsideen zum Thema wiedergeben. Über Farbe und Dicke der Linien können Sie zusätzliche Betonungen setzen. Schreiben Sie möglichst in Blockbuchstaben und immer nur einen Begriff je Ast.

Andere wiederum ziehen es vor, auf Karteikarten Zusammenfassungen zu einzelnen Begriffen zu schreiben. Sie können Farben nutzen, um eine zusätzliche Ordnung einzuführen. Sei es die Farbe der Karten, oder aber die farbige Markierung mit Textmarkern. Wichtig ist nur, dass Sie Ihr Ordnungssystem konsequent handhaben.

Falls Sie durchs Hören viel aufnehmen, können Sie sich die Zusammenfassung zusätzlich noch selbst vorlesen oder alternativ dazu jemandem vortragen.

Wie oben bereits erwähnt, wird es immer auch Inhalte geben, bei denen es nicht genügt, wenn Sie sich das Thema erarbeiten und wiederholen. Auf die Möglichkeiten der Memotechnik kann hier nicht in der Breite eingegangen werden. Die verschiedenen Techniken, derer sich so genannte „Gedächtniskünstler“ bedienen, kann sich grundsätzlich jeder aneignen. Meist fehlt es allerdings an der Bereitschaft, die alten Lernpfade zu verlassen. Es ist zwar zunächst ein Aufwand für das Erlernen der neuen Methode notwendig, doch wenn es Ihnen mithilfe memotechnischer Verfahren gelingt, sich Dinge zu merken, die Sie bislang nicht behalten konnten, dann ist es das wert.

Eine wirksame Methode ist die Technik der assoziativen Verknüpfungen, bei der Sie jeweils zwei Begriffe über eine gemeinsame Assoziation verbinden, zum Beispiel die beschädigte Transportverpackung und das Bestätigenlassen des Transportschadens durch den Fahrer über die Vorstellung einer solchen Szene, in der der Fahrer sich deshalb beschwert; vom Bestätigenlassen zur Benachrichtigung des Absenders geht die nächste Verknüpfungsbrücke etwa, indem Sie daran denken, wie der Beleg durch das Faxgerät läuft. Je farbenreicher Sie sich die Bilder ausmalen, desto einfacher können Sie sich das Ganze merken. Die Beispiele in Büchern zum Thema Lerntechnik sind diesbezüglich natürlich beeindruckender, aber Sie sollen ja sehen, dass das Verfahren auch bezogen auf Buchhandelsthemen funktioniert.

Auch die so genannte Loci-Technik kann Ihnen helfen. Sie merken sich dabei die Begriffe/Abläufe, indem Sie die einzelnen Schritte mit Orten verbinden auf einem Weg, den Sie dann gedanklich wieder abgehen, sei es innerhalb eines Raums oder über eine größere Strecke. Entscheidend sind die Fixpunkte auf diesem Pfad, an denen Sie die zu merkenden Inhalte gedanklich festmachen können.

Sofern Sie sich Zahlen einprägen müssen, helfen Ihnen auch dabei bildliche Vorstellungen von den einzelnen Ziffern, die Sie dann über größere Bilder verbinden. Wenn Sie zum Beispiel die 1 als Bleistift und die 8 als Brille sehen, dann wäre 18 ein brilletragender Bleistift.

Wiederholen ist wichtig für den Lernerfolg, aber ewiges Wiederkäuen der immer gleichen Unterlagen bringt Sie nicht weiter. Wählen Sie daher auch andere Wege, um sich mit Inhalten, die Sie bereits gelernt haben, nochmals auseinander zu setzen. Zum Beispiel kann es eine gute Methode sein, einen kurzen Vortrag zu entwerfen oder ein simuliertes Prüfungsgespräch zu dem betreffenden Thema zu führen. Oft reicht es schon aus, sich zu überlegen, wie mögliche Fragestellungen lauten könnten, und ganz nebenbei die Dinge nochmals zu wiederholen.

Lernerfolgskontrollen sind wichtig für Ihren Lernfortschritt. Nutzen Sie dieses Buch, um festzustellen, was Sie bereits können. Sie werden merken, wo die Lösung für die jeweilige Frage Ihnen eigentlich bekannt war und wo tatsächlich noch Wissenslücken liegen, die Sie schließen müssen. Seien Sie bitte ehrlich zu sich selbst, prüfen Sie wirklich erst Ihr eigenes Wissen ab, indem Sie den rechten Teil der Seite zunächst abdecken und selbst antworten, ehe Sie die Lösung überprüfen.

Alte Multiple-Choice-Aufgaben können Ihre Vorbereitung unterstützen, wenn Sie über die Musterlösungen verfügen und vor allem auch die Bereitschaft mitbringen, die Antworten tiefer zu analysieren. Machen Sie aber nicht den Fehler zu glauben, diese Aufgaben auswendig zu lernen, genüge für das Bestehen der Prüfung. Erstens ist der Aufgabenpool doch sehr groß und Sie haben nur einen Ausschnitt vorliegen; zweitens kommen ständig neue Aufgaben hinzu, die Sie noch gar nicht kennen können; drittens sind viele Aufgaben, die nur ein paar Jahre zurückliegen, heute so gar nicht mehr korrekt, weil sich Gesetzesvorschriften oder technische Abläufe bereits wieder geändert haben. Sie würden sich dann nur Falsches einprägen. Wenn Sie den Stoff verstanden haben, können Sie ihn auch auf jede Multiple-Choice-Aufgabe anwenden, umgekehrt nützt Ihnen das Wissen, dass „A“ die richtige Antwort auf Frage 35 im Jahre 2000 war, nichts, sofern Sie nicht wissen, warum.

Prüfungstaktik für die schriftliche IHK-Prüfung

Hören Sie gut zu bei der Einweisung zu Beginn der Prüfung. Sie haben zwar in der Regel die Informationen auch noch einmal schriftlich vorliegen, aber wenn Sie das während der Prüfung durchlesen müssen, geht es von Ihrer Zeit ab, die Erläuterungen vorher nicht. Sie erfahren dort beispielsweise, wie Sie vorzugehen haben, wenn Sie ein Zwischenergebnis für die Lösung der nächsten Rechenaufgabe nicht herausbekommen können.

Unabhängig vom Prüfungsmodus gilt: Lesen Sie die Aufgaben gründlich durch! Am besten zweimal. Es hilft, wenn Sie sinnvolle Markierungen vornehmen (maximal fünf Wörter pro Aufgabenstellung). Bedenken Sie insbesondere bei Multiple-Choice-Aufgaben, dass jedes noch so kurze Wort entscheidend sein kann.

Beginnen Sie mit den für Sie einfachen Aufgaben. Ein guter Einstieg in die Prüfung beflügelt Sie für den weiteren Verlauf. Beißen Sie sich unter keinen Umständen an einer Aufgabe fest, die Sie momentan nicht lösen können. Sie verlieren dadurch nicht nur wertvolle Zeit, sondern Sie blockieren sich immer mehr. Stellen Sie daher die Aufgaben zunächst zurück, die Sie nicht lösen können. Achten Sie aber unbedingt darauf, inwieweit die folgenden Aufgabenstellungen darauf Bezug nehmen.

Wenn Sie unter Zeitdruck geraten sollten, müssen Sie Prioritäten setzen. Schauen Sie daher darauf, welche Aufgaben wie viele Punkte erbringen und entscheiden Sie entsprechend, wo das Verhältnis von Aufwand und Ertrag am besten aussieht. Falls

Sie in einem Multiple-Choice-Prüfungsteil bemerken, dass die verbleibende Zeit nicht mehr ausreicht, um die Fragen zu beantworten, sollten Sie sie nicht unbearbeitet lassen. Je nach Anzahl der Antwortalternativen und nach Aufgabentypus ist Ihre prozentuale Chance unterschiedlich gut, einen Zufallstreffer zu landen. Aber wenn Sie es nicht wenigstens versuchen, haben Sie ganz sicher keine Punkte. Diesen Ratschlag sollten Sie freilich nur befolgen, falls es keinen Punktabzug für falsche Antworten gibt. Zumindest bei der von der AkA gestellten Prüfung kann Ihnen das nicht passieren, dort gibt es schlimmstenfalls null Punkte für eine falsch beantwortete Aufgabe.

Notieren Sie sich, welche Aufgaben Sie zurückgestellt haben, bzw. streichen Sie die bearbeiteten Aufgaben ab. Gehen Sie auf jeden Fall auf Nummer Sicher, ehe Sie abgeben. Nur wenige unter uns haben ein so hohes Arbeitstempo, dass sie weit vor der vorgesehenen Bearbeitungszeit mit der Prüfung fertig sind. Vergewissern Sie sich also lieber zweimal, wenn Sie vorzeitig abgeben wollen, dass Sie auch wirklich alle Aufgaben bearbeitet haben.

Nutzen Sie das bereitgestellte Konzeptpapier für Nebenrechnungen oder auch, um sich nochmals einen Überblick zu verschaffen über die Struktur des Themas. Ihr Korrektor wird es besonders bei offenen Fragen zu schätzen wissen, wenn Sie die „offizielle" Antwort in einer ordentlichen Form hinschreiben können, weil die gedankliche Strukturierung bereits vorab stattgefunden hat. Übrigens ist eine lesbare Schrift von Vorteil. Wenn die Korrektoren etwas nicht lesen können, geht das immer zu Ihren Lasten. Es muss nicht die Grundschulschönschrift sein, aber Hieroglyphen bringen Sie nicht weiter. Wenn Sie nachträglich noch Inhalte einfügen wollen, sollten Sie die Ergänzungen eindeutig kennzeichnen, entweder über eine ansteigende Zahl von Kreuzchen zum Beispiel x) xx) ... oder über Ziffern I) II) ... bzw. 1) 2) ..., je nachdem, welche Art von Gliederung bei der Aufgabenstellung angewendet wurde. Zusätzlich hilft es, wenn Sie bei der Ergänzung noch einmal aufführen, auf welche (Teil-)Frage sich diese bezieht.

Prüfungstaktik für das Prüfungsgespräch – Praktische Übungen

Die „mündliche Prüfung" ist als eine praktische Prüfung gedacht. Da Sie einen Beruf im Handel gewählt haben, sollte es Ihnen eigentlich nicht schwer fallen, sich als Person und auch Ihr berufliches Können zu „verkaufen". Also lassen Sie sich nicht jedes Wort aus der Nase ziehen, sondern stellen Sie Ihre Lösung der Fallsituation, mit der Sie sich auseinander setzen dürfen, engagiert vor. Wenn Sie wählen dürfen, beginnen Sie mit dem Teil der Aufgabenstellung, der Ihnen am besten liegt. Nehmen Sie Nachfragen nicht als Signal dafür, dass die Prüfung nicht gut läuft. Vielleicht ist ja gerade das Gegenteil der Fall. Zeigen Sie sich souverän, und stehen Sie auch dazu, wenn Sie etwas nicht wissen. Sagen Sie aber in diesem Falle auch, wie Sie die Wissenslücke in der Praxis kompensieren würden, also wo Sie nachschlagen oder nachfragen würden.

Die Prüfer sollten hinterher den Eindruck haben, dass Sie sich in der Buchhandlung zu helfen wissen, und ein Betrieb, der Sie beschäftigt, nicht schlecht damit fährt. Dafür ist es sehr hilfreich, wenn Sie die Prüfer nicht korrigieren, die Aufgabenstellung nicht kritisieren und auch sonst ein Verhalten an den Tag legen, das Sie reif und ausgeglichen wirken lässt. Sie müssen nicht im Nadelstreifenanzug oder im Kostüm erscheinen, aber eine ausgewaschene, abgetragene Jeans oder ein bauchfreies Oberteil sind nicht dem Anlass angemessen. Sie werden zwar deswegen nicht schlechter bewertet, aber es kann nie schaden, auf die Prüfer einen vorteilhaften Eindruck zu machen. Schließlich wissen Sie nicht, ob man sich noch einmal wiedersieht, und die Branche ist doch überschaubar.

Wenn Sie merken, dass die Nervosität vor oder während der Prüfungssituation zu sehr ansteigt, dann können Sie sich mit einer einfachen Entspannungstechnik rasch helfen. Es handelt sich um eine Atemtechnik, sodass Ihre Umgebung überhaupt nichts bemerken wird. Zählen Sie einfach, während Sie tief einatmen, gedanklich bis 4, halten Sie die Luft kurz an, und zählen Sie dabei weiter bis 6, und atmen Sie kräftig aus, während Sie bis 8 weiterzählen. Wiederholen Sie dies einige Male. Auf diese Weise beruhigt sich Ihre Atmung, und Sie werden insgesamt entspannter. Wegen der Zählweise nennt man dies die Methode 4-6-8.

Vielen Menschen behagt die Vorstellung, eine Prüfungssituation bestehen zu müssen nicht, weil Sie sich von vornherein einen Misserfolg vorstellen. Statt sich durch positive Bilder zu bestärken und die Motivation weiter aufzubauen, erreichen diese Leute das genaue Gegenteil davon. Beobachten Sie sich selbst, inwieweit Sie zu einem ähnlichen Verhalten neigen. Falls ja, sollten Sie bewusst gegensteuern und sich selbst Mut zusprechen. Eine Tatsache sollte Sie auf jeden Fall beruhigen: Die Quote derer, die die Abschlussprüfung der Ausbildung zum Buchhändler nicht bestehen, ist verschwindend gering. Bei einer gewissenhaften Vorbereitung spricht eigentlich nichts dafür, dass ausgerechnet Sie zu den wenigen Unglücklichen gehören sollten.

Wenn Sie generell zu starker Prüfungsangst neigen, sollten Sie sich tiefer mit dem Thema auseinander setzen. Zwar ist die Abschlussprüfung im Beruf für viele Menschen für lange Zeit, wenn nicht gar für den Rest ihres Lebens, die letzte Prüfung, aber Sie wollen sie doch mit einem ansprechenden Ergebnis ablegen. Beschäftigen Sie sich frühzeitig mit der entsprechenden Literatur und arbeiten Sie an Ihrem Problem!

FRAGENKATALOG

1 Bibliografie und Recherche

Woher kommt das Wort Bibliografie und was bedeutet es in seinem ursprünglichen Sinn?

Aus dem Griechischen: biblion = Buch und grafein = schreiben. Bedeutete das Abschreiben von Büchern. Der Begriff wandelte sich jedoch zu Bücherbeschreibung und Literaturverzeichnung.

Heute hat das Wort Bibliografie dreifache Bedeutung. Welche?

- Theorie der Literaturverzeichnung (Lehre vom Aufbau und Zweck)
- Praxis der Literaturverzeichnung (Herstellung von Literaturverzeichnissen)
- Literaturverzeichnisse selbst (nach bestimmten Gesichtspunkten aufgebaut)

Was sind die Gegenstände der Bibliografie?

Druckschriften (selbstständig und unselbstständig innerhalb und außerhalb des Buchhandels erscheinend) und Nonbooks (DVD, CD, MC, T-Shirts, Weine u.v.a.m.)

In welcher Form erscheinen Bibliografien?

Als unselbstständige (versteckte) Bibliografien
Als selbstständige Bibliografien

- in Band- oder Heftform (Reihe A der Deutschen Nationalbibliografie)
- in Loseblattform (Kritisches Lexikon der Gegenwartsliteratur)
- auf Karteiformat (alte Bibliothekskataloge)
- als CD-ROM (Barsortiments-CD)
- als Datenbank (VLB-Online)

Welche drei Grundarten bibliografischer Aufgabenstellungen unterscheidet man?

Es sind die drei wesentlichen Suchgattungen: Literatursuche, Literaturkontrolle, Titelsuche.

Was bedeuten diese bibliografischen Begriffe?
Literatursuche

Die einmalige Zusammenstellung von Titeln über ein gestelltes Thema, z.B. Erstellung einer Literaturliste für Kunden.

Literaturkontrolle

Das Bemühen, laufend oder über einen bestimmten Zeitraum Literatur über ein Sachgebiet nachzuweisen. Beispiel: Das Deutsche Jugendinstitut (München) aktualisiert ständig seine Literaturdokumentation zum Thema Jugend.

Titelsuche

Die Feststellung der bibliografischen Daten eines unvollständig gegebenen Buchtitels.

Welche Haupterscheinungsformen von Bibliografien werden in der buchhändlerischen Praxis unterschieden?

- *Primärbibliografien* = Bibliografien, die durch Autopsie (aufgrund der vorliegenden Bücher) erstellt werden.
- *Sekundärbibliografien* = Bibliografien, bei der die verzeichneten Medien aus anderen Bibliografien übernommen werden bzw. die auch anhand von Verlagsmeldungen entstehen.
- *Bibliografische Hilfsmittel* = Hier gibt es keine exakte Definition: meist Zusatzkataloge, Fachkompendien, Auswahlbibliografien.
- *Versteckte Bibliografien* = Auch: Unselbstständige Bibliografien oder Kryptobibliografien. Hier handelt es sich um vollständige bibliografische Angaben zu Büchern, die als Quelle verwendet wurden (Quellenangaben) oder aber um Hinweise auf weiterführende Literatur zum Thema. Sie stehen häufig am Ende eines Werkes.

Nennen Sie jeweils zwei Beispiele.

Primärbibliografien: Deutsche Nationalbibliografie, Barsortimentslagerkatalog von KNO
Sekundärbibliografien: VLB, Books in Print
Bibliografische Hilfsmittel: Schulbuchverzeichnisse, Fachkompendien
Versteckte Bibliografien: Literaturangaben in Fachbüchern

Was versteht man in der Bibliografie unter einem Katalog?

Ein Katalog ist immer ein Bestandsverzeichnis, er verzeichnet vorhandene Titel, z.B. in Barsortimenten oder Bibliotheken. Unterschieden werden Formalkataloge (alphabetische Kataloge) und Sachkataloge (Schlagwortkataloge, systematische Kataloge).

Wie können Bibliografien geordnet sein?

Formalalphabetische Ordnung, Schlagwortanordnung, Kreuzanordnung, systematische Ordnung, chronologische Ordnung.

Was ist eine annotierte Bibliografie?

Den wichtigsten bibliografischen Daten sind Beschreibungen hinzugefügt, z.B. kurze Inhaltsangaben zu Büchern.

Was ist ein systematischer Katalog?

(Auch: Sach-, Fach- oder wissenschaftlicher Katalog): Er vereinigt ihrem Inhalt nach sachlich zusammengehörige Literatur und weist sie im Zusammenhang ihres größeren Sachgebiets nach. Ihm liegt als Ordnungssystem eine Systematik oder Klassifikation zugrunde, d.h., er ordnet nach Sachgruppen oder wissenschaftlichen Disziplinen. Beispiel: Schweitzer Vademecum.

Was ist ein Kreuzregister?

Im Kreuzregister sind alphabetisch die Autoren, Stich- und Schlagworte sowie Sachtitel der verzeichneten Werke fortlaufend in eine Bibliografie eingearbeitet.

Was ist Dezimalklassifikation und wo wird sie verwendet?

Eine von Melvil Dewey entwickelte und später ausgebaute Einteilung des gesamten menschlichen Wissens in 10 Hauptklassen (0–9), die durch Hinzufügen einer weiteren Ziffer in weitere 10 Untergruppen unterteilt wird (lässt sich beliebig fortsetzen und ordnet dadurch immer feiner). Die Zählungen der dezimalen Systemstellen heißen Notationen.
Sie findet Anwendung in systematischen Katalogen, z.B. sind die Sachgruppen der Wöchentlichen Verzeichnisse der Deutschen Nationalbibliografie daran angelehnt. Viele Bibliotheksstandortkataloge sind nach der Dezimalklassifikation aufgebaut.

Was ist maßgeblich für die bibliografische Einordnung eines Buchs in ein Literaturverzeichnis?

Das Ordnungswort.

Ist der Autor unbekannt, jedoch der Sachtitel vollständig, wird welches Wort im Printkatalog zum Ordnungswort?

Das richtet sich nach dem zu benutzenden Bücherkatalog. Ordnet das Bücherverzeichnis nach der mechanischen Wortfolge, so ist es das erste Wort (ohne Berücksichtigung des Artikels), ordnet es nach den Preußischen Instruktionen, so ist es das erste Substantiv des Sachtitels.

Wird der Name des Herausgebers eines Werkes dem eines Verfassers gleichgesetzt, d.h., wird der Herausgeber automatisch zum Ordnungswort?

Nein! Ob und wann der Herausgeber eines Werkes zum Ordnungswort wird, ist von Bibliografie zu Bibliografie verschieden und kann daher sehr unterschiedlich gehandhabt werden. Nur wenn der Herausgeber für ein Werk sehr wichtig ist, wird sein Name wie der eines Verfassers eingeordnet.
In den elektronischen Buchhandelsbibliografien führt allerdings die Eingabe des Herausgebers zur Anzeige des Titels.

Was versteht man unter dem Haupteintrag?

Die vollständige und bibliografisch genaue Verzeichnung eines Buchs.

Der Haupteintrag enthält unter anderem welche wichtigen Angaben? Nennen Sie etwa zehn.

Verfassername, Sachtitel, Zusatz zum Sachtitel (Untertitel), Illustrationen, Auflage, Erscheinungsort, Verlag, Erscheinungsjahr, Umfang, Gesamttitel (Reihe), ISBN, Einband, Preis.

Erläutern Sie die folgenden bibliografischen Angaben: XXII, 210 Seiten.

Es handelt sich sehr wahrscheinlich um ein 22-seitiges Vorwort (eventuell auch um 22 Seiten Abbildungen).

Worauf beziehen sich die folgenden bibliografischen Angaben: 8°, Gr. 8°, 4°, 2°?

Auf den Umfangsvermerk: die Formatangabe (Buchrückenhöhe in cm).

Was versteht man unter Transkription?

Die Übertragung eines nicht in lateinischen Buchstaben geschriebenen Textes in die lateinische Schrift, und zwar in einer phonetischen (lautlichen) Umschrift, z.B. ЧЕХОВ = Tschechow. Nachteil: Dadurch sind verschiedene Schreibweisen des Namens möglich.

Was versteht man unter Tansliteration?

Die Transliteration ist im Gegensatz zur herkömmlichen phonetischen Transkription eine exakte buchstabengetreue Übersetzung, die jeden Laut oder Buchstaben genau festlegt, z.B. ЧЕХОВ = Čechov. Vorteil: einheitliche Schreibweise.

Ein fester Begriff ist das Stichwort. Formulieren Sie dessen Bedeutung.

Das Stichwort wird dem Wortlaut des Buchtitels (= Sachtitel) entnommen. Es ist in der Regel das erste Sinn gebende Substantiv oder das Kennwort des Sachtitels.

Was ist ein Schlagwort?

Das Schlagwort ist die knappste Formulierung des Inhalts eines Werkes und kann unabhängig vom Titel frei gewählt werden. Das Schlagwort ordnet den Buchtitel also in einen Oberbegriff ein. Man unterscheidet weites Schlagwort (z.B. Kunst) und enges Schlagwort (z.B. Expressionismus). Die elektronischen Bibliografien stellen Schlagwortketten zur freien Auswahl zur Verfügung.

Das Werk eines Verfassers erhält den Haupteintrag immer unter dem Verfasser. Was ist bei der Ansetzung zu beachten?

Personen der Neuzeit aus Staaten mit europäischen Sprachen werden unter ihrem Familiennamen und dem/den mit Komma nachgestellten Vornamen angesetzt (invertierte Schreibweise). Dabei wird der erste Vorname ausgeschrieben, der zweite mit dem Anfangsbuchstaben abgekürzt, und weitere werden nicht mehr berücksichtigt.

Die Ordnung gleicher Verfassernamen richtet sich nach der alphabetischen Reihenfolge des oder der Vornamen. Wo steht jedoch ein nicht ausgeschriebener Vorname in Printkatalogen (z.B. Müller, S.)?

Nicht ausgeschriebene Vornamen stehen jeweils am Anfang eines Buchstabens, also vor allen ausgeschriebenen Vornamen.

Wie werden Doppelnamen in Printkatalogen eingeordnet?

Doppelnamen werden allen anderen gleich lautenden Namen nachgeordnet.

Wie werden Namen wie Hartmann von Aue, Thomas von Aquin und Leonardo da Vinci eingeordnet und warum?	Vornamen bzw. in diesem Fall persönliche Namen oder Taufnamen können unter bestimmten Voraussetzungen zum Ordnungswort werden. Das ist bei mittelalterlichen Autoren, geistlichen Würdenträgern und Namen der italienischen Renaissance der Fall.
Mehrteilige antike Autorennamen, z.B. Publius Ovidius Naso oder Marcus Tullius Cicero, werden in den Buchhandelsbibliografien wie geordnet?	Unter dem im deutschen Sprachgebrauch üblichen Namensteil. VLB und Barsortimentskataloge unter: Ovid oder Cicero.
Werden Artikel vor Familiennamen bibliografisch berücksichtigt?	Artikel vor Familiennamen werden bibliografisch unterschiedlich gehandhabt. Sie kommen bei germanischen Namen selten vor und werden bei diesen nicht berücksichtigt. Bei romanischen Namen wird der Artikel jedoch zum Namen gezogen, ebenso bei Verfassern aus England.
Unter welchem Namensteil sind verzeichnet:	
Tessa de Loo?	Loo, Tessa de
Gertrud von le Fort?	Le Fort, Gertrud von
Werden Präpositionen vor Familiennamen bibliografisch berücksichtigt?	Nein! Präpositionen vor Familiennamen oder Präpositionen vor Artikel und Familiennamen werden (außer in England) in keiner Sprache bibliografisch berücksichtigt. Ausnahme: Verschmelzung von Präposition und Artikel.
Unter welchem Namensteil ist verzeichnet:	
Johann Wolfgang von Goethe?	Goethe, Johann W. von
Karl zu Liefen?	Liefen, Karl zu
Jürgen vom Scheidt?	Vom Scheidt, Jürgen (Verschmelzung der Präposition von und des Artikels dem)
Alfred de Musset?	Musset, Alfred de
Michel del Castillo?	Castillo, Michel del
Steene van Toelpen?	Toelpen, Steene van

Erläutern Sie das bibliografische Problem Präposition und Artikel vor Familiennamen am Beispiel Max von der Grün und Antonio de Las Casas	Grün, Max von der; weder Artikel noch Präposition werden in germanischen Sprachen zum Familiennamen geordnet. Las Casas, Antonio de; Artikel „Las" wird zum Namen gezogen, da romanisch, die Präposition de wird auch bei romanischen Sprachen nicht zum Familiennamen geordnet.
Bestimmte Präfixe gelten als Verwandtschaftsbezeichnungen und werden in der Bibliografie stets zum Familiennamen geordnet. Nennen sie einige Beispiele.	Ansetzung: Scott O'Dell – O'Dell, Scott Ian McEwan – McEwan, Ian Tahar Ben Jelloun – Ben Jelloun, Tahar Felix FitzRoy – FitzRoy, Felix
Auch das Attribut „Sankt" wird in der Ordnungsgruppe der Familiennamen angesetzt. Nennen Sie Autorenbeispiele – auch aus anderen Sprachen.	SanCristoval, Evaristo Saint-Exupèry, Antoine de Sant'Elia, Antonio
Wie werden die oft gekürzten Präfixe St. und Mc behandelt?	Abgekürzt geschriebene Präfixe müssen bei der bibliografischen Einordnung oder Auffindung wie ausgeschrieben behandelt werden, z.B. Cecil St.-Laurent = Cecil S(ain)t-Laurent, William McGivern = William M(a)c Givern.
Was ist ein Pseudonym?	Das Pseudonym (griech.) ist ein Deck-, Falsch- oder auch Künstlername und erfüllt verschiedene Funktionen.
Ordnen die Bücherverzeichnisse unter dem Pseudonym oder unter dem wirklichen Namen?	Personen, die vor dem 20. Jahrhundert gelebt haben, werden unter dem wirklichen Namen angesetzt, außer, sie waren unter dem Pseudonym bekannter. Personen ab dem 20. Jahrhundert werden entsprechend der Vorlage angesetzt.
Was versteht man in der Bibliografie unter anonymen Schriften?	▪ Werke mit nicht genannten oder nicht ermittelbaren Verfassern ▪ Werke mit mehr als drei Verfassern

- Loseblattausgaben
- Schulbücher
- Fortlaufende Sammelwerke
- Begrenzte Sammelwerke mit übergeordnetem Titel

Wie werden anonyme Werke in Bibliografien verzeichnet?

Immer unter dem Sachtitel.

Welche bibliografischen Hilfsmittel werden neben dem VLB im Buchhandel vorwiegend benutzt?

Barsortimentskataloge, Verlagskataloge (vor allem: Schulbuchverlage), Fachkompendien der Barsortimente, das Börsenblatt und seine Sondernummern, Geo-Katalog, Schweitzer Vademecum, Banger (Zeitschriften), Banger (Anschriften deutscher Verlage), Adressbuch für den deutschsprachigen Buchhandel usw.

Unterscheiden Sie Barsortimentskataloge und VLB nach
a) welche Titel werden aufgenommen?
b) ist die Titelaufnahme gebührenpflichtig?

a) In die Barsortimentskataloge werden nur die Titel aufgenommen, die das Barsortiment führt.
In das VLB werden die Titel aufgenommen, die von den Verlagen gemeldet werden. Seit 2003 ist das bequem online möglich.
b) Die Aufnahme in den Barsortimentskatalog ist kostenlos.
Das VLB verlangt für jeden gemeldeten Titel eine Gebühr bzw. bei mehreren Titeln eines Verlags eine Gebührenpauschale.

Welche Bedeutung haben „Sigelungen“ im VLB oder in Barsortimentskatalogen?

Durch ein Barsortimentssigel im VLB zeigen die Barsortimente an, dass sie das bezeichnete Buch ständig am Lager führen, z.B. U = Umbreit, Stuttgart. Die Verlagsauslieferungen sigeln im VLB ohne Umrahmung, z.B. SVK = Stuttgarter Verlagskontor.

Erläutern Sie Aufgabe, Aufbau und Nutzung des GEO-Katalogs!

Aufgabe:
Nachweis aller touristischen Veröffentlichungen im deutschsprachigen Raum mit ihren Bezugsmöglichkeiten.
Aufbau:
Zwei Bände: Band 1 (gelb) wird im Buchhandel für

Touristik verwendet, Band 2 (rot) wird weltweit von Universitäten, Bibliotheken und Firmen im Bau-, Planungs- und Energiebereich genutzt und enthält geowissenschaftliche Veröffentlichungen in Loseblattform.

Aufbau Bd. 1:

Stichwortregister: Von jedem gelisteten Objekt wird auf die entsprechende Seite im geographischen Teil verwiesen.

Geographischer Teil: Hauptteil. Alle Titel sind in geographischer Ordnung mit den wichtigsten bibliografischen Angaben und einem Bestellhinweis aufgelistet. Ordnungsschema: Kontinent – Land – Teilgebiet. Innerhalb eines Kontinents erfolgt die sekundäre Ordnung nach Ländern A–Z, innerhalb eines Landes nach Teilgebieten A–Z. Die Stichwörter untergliedern sich noch einmal in Rubriken (topographische Karten, Landkarten, Straßenkarten, Bildbände, Führer, Reisevideos, elektronische Medien usw.).

Verlagsteil: Alphabetische Übersicht der Programme aller Verlage, die ihre Titel im GEO-Katalog gemeldet haben. Die Auflistung innerhalb eines Verlags erfolgt alphabetisch oder numerisch nach Programmsegmenten oder Reihen (z.B. numerische Auflistung aller Kompass-Wanderkarten).

Blattschnitt-Teil: Übersichtlich geordnete Blattschnitte bzw. Kartennetze der wichtigsten im Hauptteil enthaltenen Kartenwerke (Serien).

Nutzung:

Zuerst sollte man im Stichwortverzeichnis nach dem gewünschten Gebiet suchen, dort findet man die genaue Seitenzahl, unter der man im Hauptteil alle touristischen Veröffentlichungen findet.

Sucht ein Kunde eine ganz bestimmte Reihe (z.B. HB-Bildatlas), schaut man im Verlagsteil nach.

Wofür steht die Abkürzung MVB und welche Publikationen gibt sie heraus?

Marketing- und Verlagsservice des Buchhandels GmbH; Herausgabe und Vertrieb von VLB, Börsenblatt des Deutschen Buchhandels, Adressbuch des deutschen Buchhandels, BuchJournal. Außerdem erscheint die von der Deutschen Bibliothek herausgegebene Deutsche Nationalbibliografie im Verlag der MVB.

Was sind Periodika?

Als Periodika (periodisch = wiederkehrend) gelten Zeitungen, Zeitschriften, Serien, zeitschriftenartige Reihen und periodische Kongressberichte. Periodika müssen folgende Kriterien erfüllen: Die Veröffentlichung erscheint in einer Folge von Teilen und strebt von vornherein unbegrenztes Erscheinen an, die einzelnen Teile tragen den Sachtitel der Folge (Gesamttitel) und ihre Zählung, und sie erscheinen periodisch in regelmäßigen oder unregelmäßigen Abständen.

Welche Periodika-Bibliografien gibt es?

- Zeitschriften-Datenbank (ZDB)
- Ulrich's International Periodicals Directory
- Börsenblatt Sondernummer Zeitschriften (begrenzte Auswahl)
- Deutschsprachige Zeitschriften (Banger)
- Stamm. Leitfaden durch Presse und Werbung
- IBZ. Internationale Bibliografie der Zeitschriftenliteratur

Ein Kunde möchte eine Gartenzeitschrift abonnieren: Welche Bibliografie gibt Auskunft und wie gehen Sie bei der Suche vor?

Der Banger: Zeitschriften (Verlag der Schillerbuchhandlung Hans Banger, Köln). Zunächst schaut man im Sachgruppenverzeichnis beim Thema „Garten" und sucht dann im alphabetisch geordneten Titelverzeichnis die ausgewählte(n) Zeitschrift(en). Dort erfährt man alles über Bezug, Erscheinungsweise, Preis usw.

Welche wichtigen Adressbücher gibt es für den deutschen Buchhandel und wer gibt sie heraus?

Anschriften deutscher Verlage, hrsg. von der Schillerbuchhandlung Hans Banger, Köln (Teil 1: Verlage, Teil 2: Verlagsvertretungen, Teil 3: Verlagsauslieferungen)
Adressbuch für den deutschsprachigen Buchhandel, hrsg. von der MVB
(Teil 1: Verlage, Teil 2: Buchhandlungen, Teil 3: Organisationen)

In welchem Verzeichnis findet man die Anschriften von Erfa-Gruppen des Buchhandels?	Im Adressbuch für den deutschsprachigen Buchhandel, Teil 1: Verlage.
Warum ist das Börsenblatt des Deutschen Buchhandels so wichtig für die Arbeit des Buchhändlers?	Es ist das offizielle Organ des Börsenvereins, d.h., es ist Pflichtorgan des Buchhandels. Alles, was darin veröffentlicht wird, gilt dem Gesamtbuchhandel als mitgeteilt.
Wie oft erscheint das Börsenblatt und wie ist es aufgebaut?	Es erscheint einmal wöchentlich und gliedert sich in einen redaktionellen Teil und einen Anzeigenteil. Im redaktionellen Teil findet man Fachaufsätze (z.B. zum Thema Management), Berichte (z.B. „Menschen"), das „Thema der Woche", Debatten, Neues aus dem Börsenverein usw. Im Anzeigenteil stehen Ladenpreisänderungen, Ankündigungen und Inserate der Verlage, Stellenanzeigen, Titelschutzanzeigen, Vertreterwechsel, Bildungsangebote der Schulen des Deutschen Buchhandels usw. Jedes Börsenblatt hat ein Inserentenregister. Als eigenständige Zeitschrift erscheint „Aus dem Antiquariat" 6-mal jährlich.
Welche Sondernummern und Themenhefte gibt das Börsenblatt für den Deutschen Buchhandel heraus?	*Sondernummern:* z.B. Fachbuch, Frühjahrsneuerscheinungen, Kalender, Herbstnovitäten, Frankfurter Buchmesse, Zeitschriften. *Themenhefte: z.B.* Reprints, Urlaub und Hobby, Kinder- und Jugendbuch, Theologie usw.
Was ist eine ISBN?	Die „Internationale Standard Buchnummer" kennzeichnet unverwechselbar in aller Welt als kurzes und eindeutiges Identifikationsmerkmal jedes Buch. Sie ist immer zehnstellig.
Wie heißen und was beinhalten die einzelnen Nummernteile der ISBN?	Teil 1 = Gruppennummer (nationale-, geographische- oder Sprachgruppe) Teil 2 = Verlagsnummer (für den jeweiligen Verlag) Teil 3 = Titelnummer (für das einzelne Buch dieses Verlags) Teil 4 = Prüfziffer (Computerprüfziffer)

Wann ist keine neue ISBN notwendig?	Wenn der Ladenpreis geändert wird oder bei einem unveränderten Nachdruck.
Was ist eine ISSN?	Eine „Internationale Standard Seriennummer" für Periodika. Die ISSN ist immer achtstellig und enthält keine Schlüsselzahlen wie die ISBN.
Was ist eine ISMN?	Die „Internationale Standard Musik Nummer". Sie entspricht in ihren vier Elementen der ISBN, ist ebenso zehnstellig und dient der Identifizierung einer bestimmten Musikpublikation.
Was können Sie dem EAN-Code auf Büchern entnehmen?	Eine Warengruppenkennung (977 für Zeitschriften, 978 für Bücher) und die ISBN ohne Prüfziffer.
Welche Vorteile hat das Bibliografieren auf CD-ROM (z.B. im VLB) gegenüber dem Bibliografieren im Printkatalog?	Die Vorteile gegenüber der Printausgabe sind z.B. vereinfachte Suchtechnik – selbst mit bruchstückhaften Angaben; Stichwortkombinationen sind möglich; Register (z.B. zur Auswahl von Schlagwortketten) können aufgerufen werden; Literaturlisten können für Kunden zusammengestellt und ausgedruckt werden; bibliografische Daten können für das Bestellen von Titeln verwendet werden usw.
Nennen Sie einige wichtige Bücherverzeichnisse zwischen 1750 und 1912.	Heinsius Bücherlexikon (1700–1892), Kaysers Bücherlexikon (1750–1910), Hinrichs Bücherverzeichnisse (1797–1912), Schlagwortkatalog von Georg und Ost (1883–1912).
Wie hieß die daraus hervorgegangene erste deutsche Gesamtbibliografie?	Das Deutsche Bücherverzeichnis (1912–1950).
Wer bearbeitet die Deutsche Nationalbibliografie und gibt sie heraus?	Die Deutsche Bibliothek, Frankfurt/M, Leipzig, Berlin.

Erläutern Sie den Aufbau der „Deutschen Nationalbibliografie“.	▪ Wöchentliches Verzeichnis (mit monatlichen und vierteljährlichem Register) ▪ Halbjahresverzeichnis ▪ Fünfjahresverzeichnis
Seit 1965 gibt es zur bequemeren Benutzung eine weitere Unterteilung des „Wöchentlichen Verzeichnisses“, die mit den Buchstaben A, B oder C gekennzeichnet ist. Welche Bedeutung haben diese Buchstaben?	Reihe A = Neuerscheinungen innerhalb des Buchhandels Reihe B = Neuerscheinungen außerhalb des Buchhandels Reihe C = Karten
Erläutern Sie den Inhalt des Halbjahresverzeichnisses der Deutschen Nationalbibliografie.	Es enthält alle Veröffentlichungen, die im Wöchentlichen Verzeichnis (Reihe A) angezeigt worden sind, sowie eine Auswahl der Titel aus der Reihe B. Aus der Schweiz und Österreich werden nur die Titel angezeigt, die an die Deutsche Bibliothek eingesandt wurden. Autopsie ist erforderlich.
Was ist das „Pflichtabgabegesetz“?	Jeder Verlag wird per Gesetz dazu verpflichtet, zwei Exemplare eines jeden erschienenen Werkes an die Deutsche Bibliothek zu senden, zur Verzeichnung und Archivierung.
Welchen Umfang haben die bibliografischen Angaben in der Deutschen Bibliografie im Gegensatz zu den Angaben in den Barsortimentskatalogen?	Die Deutsche Bibliografie enthält etwas genauere, eventuell zusätzliche Angaben wie z.B. bibliografische Daten, die nicht im Buch enthalten sind, Ergänzungen von nicht ausgeschriebenen Namen, Aufschlüsselungen von Pseudonymen, Nebeneinträge für sonstige beteiligte Personen usw.
Unterscheiden Sie die Barsortimentskataloge und die Deutsche Bibliografie nach a) welche Titel werden aufgenommen? b) wann werden diese Titel aufgenommen?	a) In die Deutsche Nationalbibliografie werden alle in Deutschland erscheinenden Titel, ferner die deutschsprachigen des Auslands sowie ausländische Titel über Deutschland aufgenommen. Auch Hochschul- und Musikschriften werden verzeichnet. In die Barsortimentskataloge werden nur die Titel aufgenommen, die das jeweilige Barsortiment führt.

b) In die Deutsche Nationalbibliografie wird ein Titel erst aufgenommen, wenn er erschienen ist und in einem Exemplar bei der Deutschen Bibliothek vorliegt.
In die Barsortimentskataloge wird ein Titel eventuell schon vor Erscheinen aufgenommen, sofern das Barsortiment den Titel bestellt hat.

In den meisten Ländern der Welt erscheinen zunächst von den Nationalbibliotheken bearbeitete und herausgegebene so genannte National- oder Primärbibliografien, die etwa unserer Deutschen Nationalbibliografie entsprechen. Nennen Sie einige.

Schweiz: Das Schweizer Buch
Österreich: Österreichische Bibliografie
Großbritannien: The British National Bibliography
Frankreich: Bibliografie de la France

Was ist und welche Bedeutung hat „Books in Print"?

Books in Print ist die wichtigste Bibliografie für Bücher aus dem englischsprachigen Raum. Es erscheint in einer englischen und amerikanischen Ausgabe.

Was enthält demgegenüber „International Books in Print"?

Es enthält englischsprachige Titel, die in Afrika, Asien, Australien, Kanada, Kontinentaleuropa, Ozeanien, Lateinamerika, Neuseeland und der Republik Irland erschienen sind. Es ist die kompletteste Bibliografie englischsprachiger Titel außerhalb der USA und Großbritannien.

Wo kann man außerdem englische Bücher bibliografieren?

- Baker&Taylor (über KNO-CD)
- Gardner (über KNO-CD)
- Ingram (über Libri-CD)
- petersen-buchimport.com
- Amazon.com

Sie haben in den Ihnen zur Verfügung stehenden bibliografischen Hilfsmitteln und elektronischen Daten-

- Auskunftsformular mit Marke und Rückporto an „Bibliografische Auskunft" der Deutschen Bibliothek in Frankfurt a.M.
- Bibliografische Anfragen jeder Art formlos an

banken einen Titel nicht ermitteln können. Welche weiteren Möglichkeiten bestehen, den Titel dennoch zu finden?

Bibliografische Agentur O. Gracklauer, Berlin

- Falls ISBN bekannt, mithilfe des Banger (Verlage) den Verlag ermitteln und dort anrufen
- In einer Datenbank für vergriffene Bücher recherchieren (z.B. zvab.com)

Was bedeuten folgende Begriffe?
Kompendium
Repetitorium

Kompendium: Kurz gefasstes, umfassendes Lehrbuch; Abriss eines Wissenschaftsgebiets; es wird nur das Wesentliche in gedrängter Form behandelt.

Repetitorium: Lehrbuch zur Wiederholung eines Stoffs; komprimierte Wiederholungsschrift zur Vorbereitung auf Prüfungen.

Vademecum

Vademecum: (Lat.: „geh mit mir") ein handlicher Leitfaden, Ratgeber, Wegweiser.

Handbuch

Handbuch: Zusammenfassendes Werk über ein spezielles Thema oder wissenschaftliches Gebiet.

Enzyklopädie

Enzyklopädie: Eine übersichtliche, wissenschaftlich fundierte Darstellung des gesamten praktischen und theoretischen Wissens der Menschheit.

Gesamtausgabe

Gesamtausgabe: Eine Zusammenstellung mehrerer einzelner Werke eines Verfassers. Da die Vollständigkeit der Werke bei einer Gesamtausgabe nicht Voraussetzung ist, können mehrere inhaltlich verschiedene Gesamtausgaben nebeneinander bestehen.

Supplement

Supplement: Ergänzungsband (z.B. für eine mehrbändige Enzyklopädie).

Unikat

Unikat: Einzige Ausfertigung eines Schriftstücks.

Reprint

Reprint: Ein fotomechanisch erzeugter Nachdruck eines früher erschienenen Werkes, das nicht mehr lieferbar ist.

Faksimile

Faksimile: Originalgetreue Nachbildung eines Werkes mit allen Eigenheiten (z.B. Bleisatz, Gebrauchspuren usw.).

Monographie

Monographie: Abhandlung über ein Thema oder eine Person.

Anthologie

Anthologie: Blütenlese; Sammlung ausgewählter Lyrik oder Prosa.

Werk

Werk: Geistige Schöpfung, die als Veröffentlichung in einer oder mehreren Ausgaben erschienen ist.

Ausgabe

Ausgabe
Die Gesamtheit der bibliografisch identischen E-

xemplare, die bei der Veröffentlichung eines Werkes entstanden sind.

Verfasser

Verfasser: Personen, die allein oder gemeinschaftlich ein Werk oder Teile eines Werkes erarbeitet haben.

Urheber

Urheber: Körperschaften, die allein oder gemeinschaftlich ein anonymes Werk oder Teile eines solchen Werkes erarbeitet oder veranlasst und herausgegeben haben.

Sachtitel

Sachtitel: Sachliche Benennung eines Werkes.

Sammlung

Sammlung: Vereinigung von mindestens zwei Einzelwerken desselben Verfassers in einer Veröffentlichung.

Sammelwerk

Sammelwerk: Vereinigung von mindestens zwei Einzelwerken in einer ein- oder mehrteiligen Veröffentlichung, die nicht vom selben Verfasser stammen.

2 Buchhandelsbetriebslehre

Sortimentskunde

Welche Betriebsformen gibt es im verbreitenden Buchhandel?

Allgemeines Sortiment, Antiquariat, Fachbuchhandlung, Spezialsortiment, Bahnhofsbuchhandel, Universitätsbuchhandlung, Verlagsbuchhandlung, Warenhausbuchhandel, Buchgemeinschaft, Buchverkaufsstellen in Nebenmärkten, Reisebuchhandel, Versandbuchhandel, Internetbuchhandel.

Wann darf sich eine Buchhandlung Universitätsbuchhandlung nennen?

Wenn Sie die Erlaubnis dazu von der jeweiligen Universität erhält.

Wodurch ist die Fachbuchhandlung gekennzeichnet?

Eine Fachbuchhandlung führt zu einem ausgewählten Thema fast alle gängigen lieferbaren Titel, die die Fachleute auf dem entsprechenden Gebiet ansprechen. Das Sortiment ist daher sehr tief und nicht besonders breit. Sofern die Fachbuchhandlung das gesamte lieferbare Programm (oder zumindest einzelne Programmbereiche komplett) eines Verlags führt, spricht man auch davon, dass sie Depotbuchhandlung ist. Oft sind Fachbuchhandlungen wissenschaftlich ausgerichtet. Daher spielen Nonbooks eine untergeordnete Rolle, und auch der Stellenwert der Warenpräsentation ist nicht hoch.

Wie ist eine Spezialbuchhandlung charakterisiert?

Wie bei der Fachbuchhandlung auch, ist das Sortiment tief und schmal. Das Sortiment bezieht sich auf ein Thema und versucht alle an diesem Thema interessierten Personen anzusprechen, also auch Personen, die sich nicht vertieft mit dem Gebiet auseinander setzen. Der Nonbookanteil am Sortiment kann je nach Thema sehr hoch sein. Auf eine attraktive Warenpräsentation wird großes Gewicht gelegt.

Welches Prinzip liegt dem Versandbuchhandel zugrunde?

Das Mail-Order-Prinzip. Die Waren werden über einen Katalog (gedruckt oder in digitaler Form auf optischen Speichermedien bzw. im Internet) präsentiert. Der Kunde bestellt brieflich, telefonisch, per Fax oder elektronisch und erhält die Bücher mit der Post oder einem anderen Paketdienst an die gewünschte Adresse geliefert.

Welche juristischen Besonderheiten sind bei Kaufverträgen, die im Versandbuchhandel geschlossen werden, zu beachten?

Für die Kaufverträge im Versandbuchhandel gelten die Vorschriften über Fernabsatzverträge des Bürgerlichen Gesetzbuchs (§§312b ff. BGB) sowie die des Teledienste- und des Teledienstedatenschutzgesetzes, falls Onlinevertrieb vorliegt.

Wie arbeitet der Reisebuchhandel?

Beim Reisebuchhandel bieten angestellte Handlungsreisende oder selbstständige Handelsvertreter vor allem höherpreisige Artikel wie z.B. Lexika oder andere Fortsetzungswerke an, indem sie die Kunden besuchen. Oft wird dabei Teilzahlung vereinbart.

Welche besonderen juristischen Regelungen sind im Reisebuchhandel von Bedeutung?

Die Vorschriften des Bürgerlichen Gesetzbuchs zu Haustürgeschäften (§312 BGB) und zu Teilzahlungsgeschäften (§§501 ff. BGB).

Welche Frist gilt für das Widerrufs- bzw. Rückgaberecht bei Fernabsatzverträgen, Haustür- und Teilzahlungsgeschäften?

14 Tage.

Ab welchem Auftragswert hat der Buchhändler bei einem Fernabsatzvertrag in jedem Falle die Rücksendekosten zu tragen?

40 €.

Für welche Gegenstände des Buchhandels besteht bei Fernabsatzverträgen grundsätzlich kein Widerrufs- bzw. Rückgaberecht?

Für Tonträger und neue Medien (Video, Disketten, CD-ROM, DVD), sofern sie nicht versiegelt bzw. in einer Folie eingeschweißt geliefert und unversehrt wieder zurückgeschickt wurden.

Welche Informationen sind bei Fernabsatzverträgen
a) vor dem Vertragsabschluss zu erteilen?

a) Identität des Unternehmens; Anschrift; wesentliche Merkmale der Ware oder Dienstleistung; ggf. Mindestlaufzeit des Vertrags; Preis einschließlich Steuern oder sonstiger Preisbestandteile; ggf. zusätzliche Liefer- oder Versandkosten; Einzelheiten zu Lieferung, Zahlung und Erfüllung; Bestehen eines Widerrufs- oder Rückgaberechts; Kosten für die Nutzung von Fernkommunikationsmitteln (=Telefon, Fax), die über die üblichen Grundtarife hinausgehen (z.B. 0190-Nummern); Gültigkeit befristeter Angebote; Vorbehalt, eine gleichwertige Leistung (Qualität, Preis) zu erbringen; Vorbehalt, die versprochene Leistung bei Nichtverfügbarkeit nicht zu erbringen.

b) spätestens bei der Lieferung zu erteilen?

b) Bedingungen und Einzelheiten des Widerrufs- oder Rückgaberechts; Anschrift für Beanstandungen sowie ladungsfähige Adresse und Vertretungsberechtigte; Kundendienst, Gewährleistungs- und Garantiebedingungen; Kündigungsbedingungen bei Verträgen mit mehr als einem Jahr oder unbestimmter Laufzeit.

Womit handelt das Bibliophile Antiquariat?

Mit gebrauchten, vergriffenen, von den Verlagen nicht mehr lieferbaren Büchern. Oft werden auch Druckgrafiken, Autographen (handschriftliche Manuskripte) und alte Handschriften angeboten.

Was sind die Gegenstände des Modernen Antiquariats?

Im Modernen Antiquariat werden Restauflagen, alte Auflagen, Sonderausgaben und Mängelexemplare vertrieben. Meist ist die Preisbindung der Bücher bereits aufgehoben, bzw. wegen der Mängel kommt es zu einer drastischen Reduzierung gegenüber dem gebundenen Preis. Für Sonderausgaben, die speziell für das Moderne Antiquariat produziert werden, gilt zumindest für 18 Monate die Preisbindung, da es sich um mangelfreie neue Bücher handelt. Daher wird bei diesen Titeln in der Regel ein Preisvergleich zur Originalausgabe mit dem Hinweis darauf, dass diese Ausgabe eine Sonderausgabe ist, angestellt.

Worauf ist bei der Werbung für Bücher aus dem Modernen Antiquariat zu achten?

Es ist darauf zu achten, dass nicht der Eindruck entsteht, preisgebundene Bücher würden verbilligt abgegeben. Daher sollte der Grund für die Preisaufhebung aus der Werbung hervorgehen. Dabei genügt es bei einem ganzen Schaufenster bereits, wenn darauf hingewiesen wird, dass es sich um Bücher des Modernen Antiquariats handelt.

Welche Gegenstände des Buchhandels unterliegen dem vollen Umsatzsteuersatz (derzeit 16%)?

Jugendgefährdende Schriften, Hörbücher, Briefmarkenkataloge, Einbanddecken, Wand- und Abreißkalender, neue Medien, Lehr- und Lernmittel sowie Nonbooks.

Wie ist die einheitliche Warengruppensystematik aufgebaut?

1. Stelle = Index (Editionsform), 2. Stelle = Hauptwarengruppe, 3. Stelle = Warengruppe, 4. Stelle = Warenuntergruppe, 5. Stelle = zur freien Belegung.

Welche Hauptwarengruppen gibt es?

1 = Belletristik, 2 = Kinder- und Jugendbuch, 3 = Reise, 4 = Sachbuch/Ratgeber, 5 = Geisteswissenschaften/Kunst/Musik, 6 = Mathematik/Naturwissenschaften/Technik/Medizin, 7 = Sozialwissenschaften, 8 = Schule und Lernen, 9 = Freibereich.

Welche Hauptfunktionen erfüllt ein Barsortiment?

Das Barsortiment ist das Hintergrundlager des Sortimentsbuchhandels und ermöglicht diesem die rasche und kostengünstige Besorgung der wichtigsten nicht vorrätigen Titel. Es bündelt dabei die Einzel- bzw. Kleinbestellungen der Buchhändler zu Großbestellungen an die Verlage. So trägt das Barsortiment zur Bestellrationalisierung bei.

Welche Konditionen erhält der Sortimenter beim Barsortiment?

Der Sortimenter erhält grundsätzlich den Originalverlagsgrundrabatt, also den Rabatt, den er bei einer Einzelbestellung bei dem jeweiligen Verlag auch bekommen hätte. Darüber hinaus gewähren die Barsortimente in Absprache mit dem Verlag teilweise auch Staffelrabatte.

Was ist der Barsortimentsrabatt?

Der Barsortimentsrabatt ist der Rabatt, den das Barsortiment vom Verlag erhält. Er setzt sich zusammen aus dem bereits erwähnten Originalverlagsgrundrabatt sowie dem so genannten Funktionsrabatt, der dem Barsortiment für die Übernahme der Bündelungsfunktion gewährt wird. Dieser Rabatt soll nicht ohne sachlichen Grund geringer sein als der maximale Rabatt, den ein Verlag den Sortimentern einräumt.

Welche Bedeutung haben die folgenden Meldenummern? 04, 07, 12, 15, 17, 19, 80

04 = noch nicht erschienen, Bestellung ist vorgemerkt
07 = vergriffen, keine Neuauflage, Bestellung abgelegt
12 = Nachdruck. Folgt laut Verlag ...
15 = fehlt kurzfristig am Lager
17 = führen wir nicht bzw. nicht mehr
19 = Ladenpreis aufgehoben, führen wir nicht mehr
80 = Fehlt, da der Verlag derzeit nicht liefern kann

Welches Prinzip liegt der Bestellwegoptimierung zugrunde?

Grundsätzlich sollen Einzelbestellungen und die kleinen Bestellungen über das Barsortiment und die größeren Aufträge über den Verlag/Vertreter direkt abgewickelt werden.

Welche Vorteile haben die Verlage und welche die Sortimenter von der Bestellwegoptimierung?

Von Vorteil für die Verlage sind die geringeren Auslieferungskosten (Fakturierung, Verpackung, Zahlungsverkehr, Debitorenüberwachung). Für die Sortimenter besteht der Vorteil in geringeren Beschaffungskosten (Bestellkosten, Wareneingang, Zahlungsverkehr, Verpackungsentsorgung).

Welche Hauptleistungen bietet eine Verlagsauslieferung?

Die Verlagsauslieferung lagert die gesamte Produktion eines Verlags und liefert sie aus; dabei erfüllt sie auch die klassischen Funktionen der Bestellannahme, Fakturierung und Remissionsbearbeitung.

Wie funktionieren Parkmodelle bei der Verlagsauslieferung?

Bei einem Parkmodell wird nicht jede Bestellung einzeln ausgeliefert, sondern der Sortimenter legt entweder ein Bestellvolumen (Bestellwert) oder, sofern ein gewisser Auftragswert nicht realisiert werden kann, die Anzahl an Arbeitstagen (maximal zehn) fest, bis zu deren Erreichen die Bestellungen gebündelt und erst dann in einer Sendung ausgeliefert werden.

Wie unterscheiden sich Mandantenprinzip und Factoringprinzip bei der Verlagsauslieferung?

Beim Mandantenprinzip handelt die Verlagsauslieferung als Verlagskommissionär, die Auslieferung wird für jeden Verlag komplett separat geführt, daher steht jeweils nur die Sendung eines Verlags auf einer Rechnung. Beim Factoringprinzip dagegen kauft die Verlagsauslieferung die Forderungen der Verlage auf und stellt dann eine Rechnung aus, auf der die Sendungen der verschiedenen Verlage zusammengefasst sind.

Welche Arten von Verpackungen unterscheidet die Verpackungsverordnung?

Verkaufsverpackungen (fallen beim Endverbraucher an, stellen eine Verkaufseinheit dar), Umverpackungen (zusätzliche Verpackung neben der Verkaufsverpackung) und Transportverpackungen (erleichtern den Transport, bewahren die Ware vor Schäden oder sind aus Gründen der Sicherheit des Transports nötig).

Wann müssen Sie Verpackungen von den Kunden zurücknehmen?

Grundsätzlich besteht eine Rücknahmepflicht für die Verpackungen, wenn der Händler sich nicht an einem System beteiligt, das die flächendeckende Abholung beim Endverbraucher oder in dessen Nähe gewährleistet.

Bei welchen Verpackungen sollte der Buchhändler den Grünen Punkt nutzen?

Bei jeder Art von Tüten, aber auch bei Geschenkpapieren.

Welchem Zweck dient die Verkehrsordnung?

Die Verkehrsordnung fasst die buchhändlerischen Handelsbräuche zusammen. Sofern die Vertragsparteien nichts Abweichendes vereinbaren, greifen die Regeln der Verkehrsordnung. Sie würde daher zur

Klärung rechtlicher Streitigkeiten von den Gerichten herangezogen werden.

Wie ist nach der Verkehrsordnung zu verfahren, wenn eine Sendung nicht die bestellten Bücher oder eine falsche Menge beinhaltet?

Der Abnehmer muss binnen 14 Tagen dem Absender mitteilen, dass der Inhalt nicht mit der Rechnung übereinstimmt, ansonsten gilt die Sendung als genehmigt.

Wann ist eine Bestellung nach der Verkehrsordnung rechtsgültig?

Für eine rechtsgültige Bestellung genügt es nach der Verkehrsordnung, wenn Bestellformulare verwendet werden, die die Firma des Abnehmers aufgedruckt oder aufgestempelt tragen bzw. entsprechende elektronische Absenderangaben aufweisen.

Wie muss ein Verlag vorgehen, wenn die Lieferung der bestellten Bücher in einer angemessenen Frist nicht möglich ist?

Der Verlag hat dem Abnehmer die Lieferungszeit unverzüglich mitzuteilen. Wenn er das nicht kann, muss er vor der Ausführung der Bestellung anfragen, ob die Ausführung noch gewünscht wird. Sofern er auf diese Anfrage binnen zwei Wochen keine Antwort erhält, gilt die Bestellung als erwünscht. Ohne vorherige Mitteilung hat der Verlag eine verspätete Lieferung auf Verlangen auf eigene Kosten zurückzunehmen. (Bei einer inländischen Verlagsbestellung sind zwei bis drei Wochen eine ausreichende Frist.)

Welche Ausgabe ist zu liefern, wenn ein Buch in verschiedener Ausstattung lieferbar ist und keine detaillierten Bestellangaben wie etwa die ISBN vorliegen?

Es ist in diesem Fall grundsätzlich die preisniedrigste gebundene Ausgabe zu liefern.

Wie hat der Verlag laut Verkehrsordnung zu verfahren, wenn eine wesentlich veränderte (Inhalt, Ausstattung) Neuauflage binnen acht Wochen ab der Bestellung erscheinen soll?

Er muss den Sortimenter darauf hinweisen, sonst steht diesem ein Rückgaberecht binnen 14 Tagen nach Erscheinen der neuen Auflage zu.

Wie ist gemäß der Verkehrsordnung bei Defektexemplaren vorzugehen?

Defektexemplare (= Exemplare mit Herstellungsfehlern) sind auf Verlangen kostenlos zurückzunehmen, anteilig gutzuschreiben (wenn der Kunde Minderung wünscht) oder umzutauschen (evtl. vereinfachte Remission). Wenn Umtausch oder Ersatzlieferung nicht möglich ist, muss der Verlag auch ein bereits gebrauchtes/individuell bearbeitetes Buch auf seine Kosten zurücknehmen. Es gibt hierbei weder eine zeitliche Begrenzung noch muss der Kunde belegen können, wo er das Buch gekauft hat.

Welcher Lieferweg ist zu wählen, wenn bei der Auftragserteilung keine ausdrückliche Vorschrift hierzu gemacht wurde?

Über den Sortimentskommissionär (Bücherwagendienst). Die Buchhandlung hat festzulegen, über welchen Bücherwagendienst generell ihre Sendungen geleitet werden sollen. Wenn sie das versäumt hat, hat der Verlag dem nach seinem Wissen günstigsten Weg zu wählen.

Wer trägt, sofern nicht anders vereinbart, das Transportrisiko und die Versandkosten?

Sofern der Versandvorschrift des Abnehmers Folge geleistet wird, trägt der Abnehmer die Versandkosten. Der Empfänger trägt das Transportrisiko für Sendungen, die auf sein Verlangen erfolgen, ab der Übergabe an den Transportführer (z.B. Bücherwagendienst).

Wie ist zu verfahren, wenn der Verlag sich über die Versandvorschrift des Sortimenters hinweggesetzt hat?

Der Verlag hat in diesem Fall die nachweisbaren Mehrkosten für den von ihm gewählten Versandweg zu tragen. Außerdem haftet er auch für eventuell entstandenen Transportschaden.

Innerhalb welches Zeitraums ist eine Partieergänzung, sofern der Verlag dies gestattet, möglich?

Binnen maximal sechs Monaten. Der Sortimenter hat bei der Bestellung den Erstbezug anzugeben.

Welche Ansprüche nach der Verkehrsordnung hat eine Buchhandlung, bei der Bücher wegen ihres Inhalts oder ihrer Ausstattung beschlagnahmt wurden, an den Verlag?

Der Verlag hat den entstehenden Schaden zu tragen, dabei ist allerdings nur der gezahlte Nettopreis zu erstatten, den entgangenen Gewinn kann der Sortimenter nicht geltend machen. Um seine Ansprüche durchzusetzen, muss der Sortimenter dem Verlag unverzüglich von der Beschlagnahme und dem Grund dafür unterrichten.

Welche Wirkung hat die Klausel „Vor Absendung verglichen" gemäß der Verkehrsordnung?	Diese Klausel bewirkt bei Seltenheiten des Antiquariats, Tafeldrucken, Luxusdrucken etc., dass der Inhalt der Sendung unverzüglich auch auf versteckte Mängel zu prüfen ist und gegebenenfalls auch unverzüglich die Mängel gerügt werden müssen. Sofern der Empfänger das nicht tut, hat er keine Ansprüche mehr aufgrund mangelhafter Lieferung.
Wie lange im Voraus sind Preisänderungen anzuzeigen und auf welchen Wegen?	Eine Preisänderung ist mit einer Vorlauffrist von mindestens 14 Tagen im Börsenblatt bzw. direkt bei den Abnehmern anzuzeigen.
Zu welchem Preis sind die Bestellungen der Buchhändler bis zum Stichtag auszuführen, wenn der Verlag a) den Preis erhöht? b) den Preis senkt?	a) Bei einer Preiserhöhung sind alle Bestellungen bis zum Stichtag zum alten Preis auszuführen. b) Bei einer Preissenkung sind alle Bestellungen ab dem Stichtag zum neuen Preis auszuführen.
Wie lange gelten nach der Verkehrsordnung Subskriptionspreise für Buchhändler?	Subskriptionspreise können vom Buchhändler bis zu sieben Werktage nach Ablauf der für Endabnehmer verbindlichen Subskriptionsfrist genutzt werden.
In welchen Fällen können die Buchhändler binnen vier Wochen nach Eingang der Sendung vom Verlag auf dessen Kosten (Hin- und Rücksendung) Rücknahme und eine angemessene Bearbeitungsgebühr für ihre innerbetrieblichen Kosten verlangen?	Wenn der Verlag ▪ irrtümlich ein falsches Werk geliefert hat; ▪ die Absendung schuldhaft verzögert hat; ▪ eine ausdrücklich gesetzte Lieferfrist nicht eingehalten hat oder einen sonstigen Vorbehalt (z.B. Preisgrenze) nicht eingehalten hat; ▪ zu einem neuen, wesentlich erhöhten Ladenpreis geliefert und die Preiserhöhung zuvor nicht ordnungsgemäß bekannt gegeben hat.
Innerhalb welcher Frist hat dann die Rücknahme zu erfolgen?	Die Rücknahme hat binnen zwei Monaten vom Tag der Lieferung an zu erfolgen.

Was ist ein Fortsetzungswerk?

Man spricht von einem Fortsetzungswerk, wenn eine Publikation in mehreren Teilen in mehr oder weniger regelmäßigen Abständen erscheint. Es spielt dabei keine Rolle, ob die einzelnen Teile des Werks auch separat verkauft werden.

Was bedeutet der Ausdruck „Apartbezug"?

Als Apartbezug bezeichnet man, wenn bei einem Titel, der an sich ein Fortsetzungswerk ist, ein einzelner Band (Zeitschrift: einzelnes Heft) bezogen wird.

Welche Bedeutung hat der Begriff „Pflichtfortsetzung"?

Bei einer Pflichtfortsetzung geht der Käufer mit der Abnahme eines Bandes die Verpflichtung ein, alle Bände abzunehmen.

Wann erlischt nach der Verkehrsordnung die Abnahmepflicht für ein Fortsetzungswerk?

Infolge höherer Gewalt oder weil der Käufer stirbt, zahlungsunfähig wird bzw. sein Aufenthalt unbekannt ist – in diesem Fall muss dem Verlag auf Verlangen die letzte Anschrift des Kunden mitgeteilt werden und die letzte Lieferung binnen drei Monaten remittiert werden. Außerdem kann der Kunde die weitere Annahme verweigern, wenn das Fortsetzungswerk nicht in absehbarer Frist abgeschlossen wird bzw. der in Aussicht gestellte Umfang der noch ausstehenden Lieferungen gegenüber dem ursprünglichen Plan so erheblich ansteigt, dass es dem Kunden nicht zugemutet werden kann, die weiteren Teile abzunehmen.

Welche historische Wurzel hat die Buchpreisbindung?

Historisch geht die Buchpreisbindung auf die so genannte Krönersche Reform des Jahres 1888 zurück. Damals wurde erstmals die Verpflichtung zur Einhaltung der von den Verlagen festgesetzten Ladenpreise in die Satzung des Börsenvereins aufgenommen. Als Sanktion drohte der Ausschluss aus dem Börsenverein. So wurde der ruinöse Preiswettbewerb durch große Versandbuchhändler von den bedeutenden Handelsplätzen gegen die kleinen ortsansässigen stationären Buchhändler gestoppt.

Welche Rechtsgrundlage hat die Preisbindung für Bücher in Deutschland?

Seit dem 1. Oktober 2002 gilt in der Bundesrepublik Deutschland das „Gesetz zur Regelung der Preisbindung bei Verlagserzeugnissen" (im Folgenden kurz: Preisbindungsgesetz).

Welche Objekte unterliegen der Preisbindung?

Neben Büchern auch Musiknoten, kartographische Produkte sowie alle Produkte, die die genannten Objekte reproduzieren oder substituieren, sofern sie unter Würdigung der Gesamtumstände als überwiegend buchhandelstypisch anzusehen sind (z.B. Wörterbücher auf CD-ROM). Kombinierte Produkte (z.B. Noten mit CD) fallen nur unter die Preisbindung, wenn das Buch/die Musiknoten/das kartographische Produkt die Hauptsache bildet. Fremdsprachige Bücher, die nicht überwiegend für den Absatz in Deutschland bestimmt sind, fallen nicht unter das Preisbindungsgesetz (z.B. Sprachlehrwerke, die in Deutschland hergestellt werden, aber für den Export bestimmt sind).

Wer setzt den Preis in welcher Form fest?

Der Preis wird vom Verlag festgesetzt. Es ist der Endverkaufspreis einschließlich der Umsatzsteuer.

Welche speziellen Preise können festgelegt werden?

- Serienpreise für die Abnahme einer ganzen Reihe
- Mengenpreise, wenn eine größere Stückzahl eines Titels an einen einzigen Endabnehmer verkauft wird
- Subskriptionspreise
- Sonderpreise für Abonnenten einer Zeitschrift, wenn die Zeitschrift ein Buch veröffentlicht
- Sonderpreise für Institutionen (z.B. wissenschaftliche Vereinigungen), wenn diese bei der Herausgabe des betreffenden Werkes maßgeblich mitgewirkt haben
- Teilzahlungszuschläge (ACHTUNG: In diesem Fall gelten die Vorschriften über Verbraucherkredite des Bürgerlichen Gesetzbuchs!)

Welche Ausnahmen von der Preisbindung für einzelne Abnehmer gibt es?

- Kollegenrabatt für Verleger, Importeure, Buchhändler und deren jeweilige Mitarbeiter für den Eigenbedarf

- Nachlass für Autoren selbstständiger Publikationen eines Verlags für den Eigenbedarf
- Lehrerprüfstücke (Prüfung im Vorfeld einer eventuellen Einführung an der Schule; das früher übliche Lehrerhandstück beim Bezug eines Klassensatzes ist nicht mehr möglich, denn in diesem Falle findet ja keine Prüfung mehr statt, ob der Titel im Unterricht eingesetzt werden könnte)
- Nachlass auf Mängelexemplare (verschmutzt, beschädigt oder Herstellungsfehler), wobei der Nachlass in einem angemessenen Verhältnis zum betreffenden Mangel stehen muss, bei einem überhöhten Nachlass läge ein Verstoß gegen das Preisbindungsgesetz vor

Welche Bibliotheken erhalten wie viel Prozent Rabatt?

Zunächst einmal erhalten grundsätzlich nur Bibliotheken einen Nachlass, die öffentlich zugänglich sind bzw. zumindest allen auf dem betreffenden Gebiet wissenschaftlich tätig sind, offen stehen. Wissenschaftliche Bibliotheken bekommen 5%, die so genannten Volksbibliotheken (kommunale Büchereien, konfessionelle Büchereien, Landesbüchereien sowie Schülerbüchereien und Truppenbüchereien – trotz des geschlossenen Benutzerkreises) 10%.

Wie darf ein Buchhändler seinen Kunden trotz Preisbindung entgegenkommen?

- Geringwertige Zugaben machen (max. im Wert von 2% des getätigten Umsatzes)
- Versand- oder besondere Beschaffungskosten übernehmen (z.B. Eilgebühren)
- Handelsübliche Nebenleistungen erbringen (z.B. Geschenkverpackung)
- Übernahme geringwertiger Kosten für den Besuch der Verkaufsstelle (z.B. Parkschein)

Wie lange dauert die Preisbindung?

Grundsätzlich dauert die Preisbindung unendlich an, es sei denn, der Verlag entschließt sich, sie aufzuheben. Dies darf er an sich frühestens nach 18 Monaten, wobei eine frühere Aufhebung der Preisbindung zulässig ist, sofern ein kürzerer Erscheinungsrhythmus vorliegt (z.B. Jahrbücher) oder der Titel nach einem bestimmten Datum oder Ereignis einen Wertverlust erfährt (z.B. EDV-Titel nach dem Erscheinen einer neuen Programmversion).

Wie ist bei der Änderung bzw. Aufhebung des gebundenen Ladenpreises vonseiten des Verlags zu verfahren?
a) nach dem Gesetz
b) nach der Verkehrsordnung

a) Veröffentlichung der Änderung in geeigneter Weise.
b) Mindestens 14 Tage vorher im Börsenblatt (Gelbe Beilage) bekannt machen, Pflicht zur Rücknahme der innerhalb der letzten zwölf Monate bezogenen Exemplare oder stattdessen Vergütung der Differenz der Nettopreise (es ist mit dem ursprünglichen Rabattsatz zu rechnen).

Welche Rechtsfolgen haben Verstöße gegen die Preisbindung nach dem Gesetz?

Nach dem Preisbindungsgesetz kann auf Unterlassung und Schadenersatz geklagt werden.

Wer ist klageberechtigt?

Die Wettbewerber, der Börsenverein und seine Landesverbände, der Preisbindungstreuhänder und Verbraucherschutzverbände.

Welche Strafen sieht der Sammelrevers 2002 für Preisbindungsverstöße vor?

Vertragsstrafen: 1.500 € für den ersten Verstoß mit einem einzigen Abnehmer, 2.500 € für jeden weiteren derartigen Verstoß und stets 5.000 € bei Verstößen mit mehreren Abnehmern.

Welchem Zweck dient das Spartenpapier?

Das Spartenpapier enthält Verhaltensgrundsätze, die gewährleisten sollen, dass die Sparten Herstellender Buchhandel, Zwischenbuchhandel und Verbreitender Buchhandel gedeihlich zusammenarbeiten, um die flächendeckende Versorgung mit Literatur als gemeinsame Aufgabe zu erfüllen. Dabei gilt der Grundsatz, dass Kooperation Vorrang vor der kurzfristigen Ertragsverbesserung durch einseitige Maßnahmen haben soll.

Welche rechtlichen Konsequenzen ergeben sich bei irreführender Werbung nach dem Gesetz gegen den unlauteren Wettbewerb (UWG)?

Wie bei allen Verstößen gegen das UWG ist die Inanspruchnahme auf Unterlassung und Schadenersatz möglich. Die Besonderheit bei der irreführenden Werbung ist, dass der Kunde in diesem Fall ein Rücktrittsrecht erhält. Außerdem droht in Extremfällen eventuell sogar eine Freiheitsstrafe für die Verantwortlichen.

Welche Funktion haben die Wettbewerbsregeln?

Die Wettbewerbsregeln stellen eine Konkretisierung für den Buchhandelsbereich zum UWG dar. Das bedeutet, dass bei der Beurteilung einer Klage die Wettbewerbsregeln mit herangezogen werden. Außerdem ist es für die Mitglieder des Börsenvereins Pflicht, diese Regeln zu beachten. Für den Fall des Verstoßes nennt die Satzung des Börsenvereins Verwarnung, Geldbuße und Ausschluss als auf Beschluss des Länderrats mögliche Sanktionen.

Wann ist eine Schaufensteraktion unlauter?

Wenn Sie länger als 14 Tage dauert bzw. die Preise eine unangemessene Gegenleistung darstellen (Summe aller Preise > 5.000 € oder 1. Preis > 1.000 € oder Mitmachpräsente bzw. Displayartikel mit Zweitnutzen > 150 €).

Wie haben Verlage mit den von den Buchhandlungen für die Direktbelieferung zur Verfügung gestellten Abonnentenadressen zu verfahren?

Sie dürfen diese Adressen nicht für ihre Zwecke verwenden und auch nicht weitergeben.

Welche Kriterien sind für unterschiedliche Preise bei Parallelausgaben zu beachten?

Unterschiedliche Preise für Parallelausgaben sind zulässig, wenn sie sachlich gerechtfertigt sind. Dabei werden die Kriterien Ausstattungsunterschied (anderes Cover, andere Papierqualität etc.) und Zeitabstand zwischen Originalausgabe und billigerer Parallelausgabe verwendet. Die Buchhändler sind über die Parallelausgaben rechtzeitig zu unterrichten.

Worauf ist bei der Werbung für Buchgemeinschaftsausgaben zu achten?

Es muss auf die Mitgliedsbindung hingewiesen werden. Aus der Werbung muss also hervorgehen, dass der günstige Preis nur für Mitglieder gilt, und welche Verpflichtungen mit einer Mitgliedschaft verbunden sind.

Was kann als Büchersendung verschickt werden?

Bücher, Broschüren, Landkarten und Notenblätter, sofern sie nicht geschäftlichen Zwecken dienen (also Kaufinteresse oder Kauf einer Ware/Dienstleistung auslösen, z.B. Kataloge). Das Gesamtgewicht einer

Büchersendung darf nicht mehr als 1.000 g betragen. Bücher und Broschüren müssen gebunden sein, Notenblätter nicht. Alle oben genannten Objekte müssen mittels eines Zwischenträgers vervielfältigt worden sein. Kalender können nur als Büchersendung versandt werden, wenn sie die genannten Kriterien erfüllen und zusätzlich zum eigentlichen Kalendarium redaktionelle Teile enthalten. Eine Ausnahme vom Kriterium „gebunden“ gilt für Ergänzungslieferungen von Loseblattwerken, sofern das Grundwerk selbst als Büchersendung verschickt wurde.

Wie lange dauert der Versand als Büchersendung in der Regel?

In der Regel erfolgt die Zustellung innerhalb von vier Werktagen nach der Einlieferung. (Bei „normalen“ Briefen bemüht sich die Post um Zustellung binnen eines Tages nach dem Einwurf.)

Welche Beilagen dürfen Sie mit einer Büchersendung verschicken?

Die Rechnung über den Inhalt der betreffenden Büchersendung, ein Zahlscheinvordruck, eine Leih- und/oder Buchlaufkarte sowie ein Rückantwortumschlag. Daneben können Zettel zur Berichtigung aufgrund von Druckfehlern, geänderter rechtlicher Vorschriften und Gesetze beigelegt werden. Auch ein Blatt bzw. eine Karte mit Widmung sind zulässige Beilagen.

Welche Kriterien gelten für Werbung und Widmung in einer Büchersendung?

Werbung ist zulässig, wenn sie nicht mehr als die Außen- und Innenseiten des Umschlags und maximal je zwei aufeinander folgende Seiten am Anfang und Ende des Werkes umfasst. Eine Widmung ist erlaubt, wenn sie sich auf eine kurze Floskel, evtl. auch in Verbindung mit kurzen Zitaten beschränkt. Ein längerer Widmungstext würde als Brief eingestuft, der einer Büchersendung nicht beiliegen darf.

Wie müssen Büchersendungen grundsätzlich verpackt sein?

Die Büchersendung ist grundsätzlich in einer offenen Umhüllung einzuliefern. Eine innere Verpackung (z.B. Folie) darf verschlossen sein, sofern sie vom Hersteller des Buches stammt und mit dem Vermerk „Darf zu Prüfzwecken durch die Post geöffnet werden" versehen ist. Wenn mindestens 100 gleichartige Sendungen (dasselbe Format, dieselbe Gewichtsstufe, derselbe Absender) eingeliefert werden, bei denen der Absender sich mit der Öffnung einverstanden erklärt, dürfen Büchersendungen auch geschlossen verschickt werden. In diesem Fall ist der Vermerk „Büchersendung/Entgelt gepr." auf den Sendungen anzubringen.

Wie ist der Versand als „Buch international" geregelt?

Als Buch international können Bücher und Broschüren in Sendungen bis maximal 5.000 g Gesamtgewicht versandt werden, bei Landkarten und Notenblättern liegt die Schwelle bei höchstens 2.000 g. Im Gegensatz zur nationalen Büchersendung dürfen keine Blätter mit Korrekturen beiliegen. Anstelle der Leih-/Buchlaufkarte treten Kopien der Bestellzettel als zulässige Beilage.

Was kann als Streifbandzeitung verschickt werden?

Streifbandzeitung ist die Versandform für Zeitschriften als Einzelstücke. Wichtigste Voraussetzung ist, dass eine Postvertriebsnummer für die Zeitschrift existiert, denn dann sind die Auflagen der Post für diese Versandform, denen die Zeitschrift genügen muss, erfüllt. Außerdem muss die Zeitschrift entweder mit einer Banderole umgeben sein oder in einem Umschlag mit der Beschriftung „Streifbandzeitung" stecken.

Welche Angaben hat eine Fachbuchquittung im Sinne der Abgabenordnung zu enthalten?

Firmenname, Datum, Verfasser und Titel des Werks, Preis, Mehrwertsteuersatz in Prozent, bei Beträgen ab 100 € sind die Umsatzsteuer und der Nettobetrag gesondert auszuweisen.

Worauf müssen Sie achten, wenn Sie beim Verkauf auf Rechnung Porto berechnen?

Dass Sie auch auf das Porto Umsatzsteuer berechnen. Wobei der Umsatzsteuersatz sich danach richtet, was den größten Warenanteil Ihrer Sendung ausmacht. Wenn also Nonbooks überwiegen sollten, müssten Sie 16% Umsatzsteuer auf das Porto in Rechnung stellen.

Wie viel Prozent des Verkaufspreises erhält Ihre Buchhandlung beim Bücherscheck des BuchSchenkService der MVB,
a) wenn sie ausgebende und einlösende Buchhandlung zugleich ist?
b) wenn sie ausgebende Buchhandlung ist?
c) wenn sie einlösende Buchhandlung ist?

a): 100%, denn in diesem Fall muss die MVB nicht für die Verrechnung tätig werden, sodass dafür keine Kosten anfallen. Im Gegenteil, die Buchhandlung hat einen Zinsgewinn für den Zeitraum zwischen Ausstellung und Einlösung des Bücherschecks.
b): 11% verbleiben Ihnen von der ursprünglichen Einnahme; Sie werden von der MVB mit 89% belastet.
c): Sie erhalten 84% gutgeschrieben. Die Differenz von 5% zwischen Ihrer Gutschrift und der Belastung der ausgebenden Buchhandlung geht an die MVB für Werbung und Verwaltung im Zusammenhang mit dem BuchSchenkService.

Warum hat bei Büchergutscheinen der Kunde keinen Anspruch auf die Auszahlung eines eventuellen Restguthabens?

Da Büchergutscheine Warenversprechen sind, besteht keine Verpflichtung zur Auszahlung des Restguthabens. Allerdings besteht ein Anspruch auf Ausstellung eines neuen Gutscheins über den Restbetrag, da das Warenversprechen ja erst teilweise eingelöst wurde.

Wann verjähren Büchergutscheine?

Für Büchergutscheine, die nach dem 1.1.2002 ausgestellt wurden, gilt die allgemeine Verjährungsfrist des Bürgerlichen Gesetzbuchs von drei Jahren, die mit Ablauf des Jahres, in dem der Büchergutschein ausgestellt wurde, zu laufen beginnt. Ein am 1.1.2004 ausgestellter Büchergutschein würde demnach mit Ablauf des 31.12.2007 verjährt sein. Für vor dem 1.1.2002 ausgestellte Büchergutscheine ohne eine Befristung gilt eine Übergangsklausel, sie verjähren mit Ablauf des 31.12.2004.

Wie funktioniert das Monatskonto für Kunden?

Diese Zahlungsbedingung wird nur guten Stammkunden gewährt. Die Lieferscheine des Kunden werden gesammelt und einmal monatlich in einer Summe abgerechnet. Häufig werden an diese Kunden Kundenkarten ausgegeben, um die Umsätze zu erfassen und die Kundenbindung noch zu verstärken. Die Rechnung wird meist über einen Lastschrifteinzug ausgeglichen.

Wie definieren Sie Marketing?

Marketing ist eine Unternehmensphilosophie, bei der die Nachfragerwünsche den Ausgangspunkt allen Handelns bilden. Das Unternehmen wird dann vom Absatzmarkt her geführt, alle Abteilungen haben sich dieser Perspektive anzuschließen. Ziel ist es, für die Nachfrager einen optimalen Nutzen zu bieten und Gewinn zu erwirtschaften.

Aus welchen Instrumenten setzt sich der Marketingmix zusammen?

Der Marketingmix besteht aus den Komponenten Produkt-, Kommunikations-, Distributions- und Preis- respektive Kontrahierungspolitik.

Welche Marketingziele können sich Buchhändler setzen?

a) quantitative Ziele
Quantitative Marketingziele sind zahlenmäßig direkt erfassbar. Mögliche solche Ziele für den Buchhandel sind: Umsatz(steigerung), Marktanteil, Gewinn(steigerung), Rentabilität, Handelsspanne u.Ä.
b) qualitative Ziele
Qualitative Ziele können nicht unmittelbar zahlenmäßig erfasst werden, sondern müssen für die Überprüfung der Zielerreichung über mehrere Stufen operationalisiert werden. Beispiele für solche Marketingziele im Buchhandel sind: Image(verbesserung), (bessere) Servicequalität, Stärkung der Kundenbindung, Verbesserung des Einkaufsklimas, mehr Aufmerksamkeit auf die Buchhandlung lenken, Vertrauen der Kunden (zurück)gewinnen u.Ä.

Was bedeuten die folgenden Begriffe?
Corporate Identity

Mit *Corporate Identity* (CI) ist die Unternehmenspersönlichkeit, seine Identität, das Leitbild, das nach innen und außen abgegeben werden soll, gemeint. Die Corporate Identity umfasst die Komponenten Corporate Design, Corporate Communications und Corporate Behavior. Sie sollte nicht im Widerspruch zur im Unternehmen bereits vorhandenen Kultur (Corporate Culture) stehen, wenngleich diese durch eine CI-Strategie in eine gewünschte Richtung weiterentwickelt werden kann.

Corporate Design

Corporate Design meint das optische Erscheinungsbild des Unternehmens, sein „Gesicht“, das sich in Logo, Farbgestaltung etc. zeigt.

Corporate Communications	*Corporate Communications* umfassen das kommunikative Auftreten des Unternehmens sowohl hinsichtlich der Marketingkommunikation als auch jedwede andere Art von Stellungnahmen etc.
Corporate Behavior	Als *Corporate Behavior* bezeichnet man die Richtlinien für das Verhalten der Unternehmensangehörigen, durch die die Soll-Persönlichkeit des Unternehmens in das individuelle Verhalten eingeführt wird.
Corporate Culture	Die *Corporate Culture* oder auch Unternehmenskultur umfasst die Gesamtheit der moralischen und sozialen Normen, die im Unternehmen vorhanden sind. Jedes Unternehmen verfügt über eine Corporate Culture, egal, ob eine bewusste CI-Strategie verfolgt wird, oder nicht.

Welche Funktion hat ein Leitbild?

Das Leitbild vermittelt die Vision, wie das Unternehmen sein soll, also die angestrebte Corporate Identity. Es setzt Leitlinien, die die Ziele der unteren Ebenen der Zielhierachie bestimmen.

Welche Formen der Zielgruppensegmentierung sind im Buchhandel gebräuchlich?

Die soziodemographische Zielgruppensegmentierung nach Kriterien wie Einkommen, Alter, Familienstand, Geschlecht, Bildungsabschluss etc. und die psychographische Zielgruppensegmentierung, bei der Aspekte wie Konsumverhalten und Lebensstil zur Einteilung der Kundengruppen dienen.

Welche Phasen hat der Prozess der Marktforschung?

Fragestellung(en) zusammentragen; Themenstrukturierung vornehmen; relevante Erhebungsinstrumente auswählen; Kostenkalkulation; Datengewinnung; Datenanalyse; Dateninterpretation; Datenpräsentation; Schlussfolgerungen ziehen.

Welche Erhebungsmöglichkeiten der Marktforschung können Sie nutzen, wenn Sie selbst die Datengewinnung übernehmen wollen?

Beobachtung, Befragung und Experiment (gezielte, kontrollierte Veränderung der Situation und anschließend Beobachtung oder Befragung – z.B. neue Lagerordnung einführen und durch Beobachtung der Verkaufszahlen überprüfen, ob die Maßnahme den gewünschten Effekt hatte).

Wie nennt man die Variante der Marktforschung, bei der auf die eigene Datengewinnung verzichtet wird und stattdessen für andere Zwecke bereits vorhandene Daten analysiert werden?

Sekundärforschung.

Welche internen und welche externen Datenquellen können Sie dabei nutzen?

- Intern: Rechnungswesen, Kundenstatistik, Lagerstatistik, Kundenzufriedenheitsmanagement (Reklamationsstatistik)
- Extern: Verbände und andere Organisationen, Ämter, Datenbanken, Fachpublikationen, Verlage (v.a. Zeitschriftenverlage haben häufig eigene Studien, mit deren Hilfe sie um Inserenten werben), Marktforschungsinstitute (Branchenstudien werden häufig ohne konkreten Auftraggeber erstellt und anschließend vermarktet, z.B. Kaufkraftkarte für Bücher).

Was versteht man unter einem Panel und welche Panels kennen Sie in der Buchhandelsbranche?

Bei einem Panel wird eine repräsentative Stichprobe von Einzelpersonen/Haushalten (Verbraucherpanel) oder Unternehmen (Handelspanel) gezogen, die dann über einen längeren Zeitraum hinweg regelmäßig zum gleichen Erhebungsgegenstand befragt bzw. beobachtet werden. Für die Buchbranche sind das GfK-Buchmarktpanel bzw. das Buchmarktpanel von Mediacontrol als Handelspanels von Bedeutung.

Was versteht man unter einer Markterkundung?

Von Markterkundung anstelle von Marktforschung spricht man, sobald die Gegebenheiten eines bestimmten Markts, z.B. Markt für Bücher in X-Stadt, eher unsystematisch und willkürlich analysiert werden. Die Datengewinnung und -auswertung können den wissenschaftlichen Gütemaßstäben für Sozialforschung nicht genügen.

Welche Formen des ambulanten Vertriebs gibt es im Buchhandel?

Büchertischverkauf, Reisebuchhandel, Versandbuchhandel und Onlinebuchhandel.

Welche Möglichkeiten des stationären Vertriebs kennen Sie neben dem eigenen Ladengeschäft?

Kommissionsverkauf in Nebenmärkten und Untermiete in fremdem Ladenlokal.

Was versteht man unter Rackjobbing?

Beim Rackjobbing werden Regalflächen vor allem in Großmärkten angemietet und vom Regalgroßhändler (= Rackjobber) in eigener Regie bestückt, er trägt auch das volle unternehmerische Risiko. Nach außen hin ist nicht wahrnehmbar, ob eine Buchabteilung von dem jeweiligen Großmarkt selbst betrieben wird, oder ob ein Rackjobber aktiv ist. Ein Beispiel für ein Rackjobbing-Konzept in der Buchhandelsbranche ist „Best of Books" in vielen Real-Märkten.

Wie funktioniert Franchising?

Beim Franchising räumt der Franchisegeber gegen eine Gebühr das Recht ein, ein Betriebskonzept und einen eingeführten Namen nutzen zu dürfen, zusätzlich schult er oft die Franchisenehmer. Der Franchisenehmer muss bestimmte Standards hinsichtlich der Ausstattung, des Service und des Sortiments einhalten, häufig ist er auch verpflichtet, seine Waren über den Franchisegeber zu beziehen.

Welche absatzwirtschaftlichen Aspekte sind bei der Standortwahl zu beachten?

Kaufkraft, Attraktivität, Konkurrenz und Verkehrslage.

Welche Verfahren können zur Standortwahl eingesetzt werden?

- Kreismethode (es wird ein Kreis mit einem bestimmten Radius, z.B. 5 km, um den potenziellen Standort gezogen und dann analysiert)
- Zeitdistanzmethode (ähnlich der Kreismethode, wobei hier kein Kreis gezogen wird, sondern der Raum betrachtet wird, in dem die Kunden innerhalb einer bestimmten Zeit, z.B. in 15 min, zur Buchhandlung gelangen können)
- Punktbewertungsverfahren (anhand eines Kriterienkatalogs werden Punktwerte vergeben, aufgrund der Summe der erreichten Punkte wird der Standort in eine bestimmte Güteklasse eingereiht bzw. eine Empfehlung abgegeben)

- Standortprofilvergleich (mittels einer Reihe von Kriterien werden zwei oder mehrere Standorte jeweils auf einer Skala eingeordnet, anschließend werden die Punkte zu Profilen verbunden und diese miteinander verglichen)

Welche Möglichkeiten haben Sie trotz Preisbindung im Rahmen der Preispolitik bei Büchern?

Siehe oben, was im Rahmen des Preisbindungsgesetzes zulässig ist. Zur Preis- bzw. Kontrahierungspolitik gehören auch Ihre Liefer- und Zahlungsbedingungen (z.B. Monatskonto, Kreditkarten). Außerdem können Sie über die Gestaltung der Preislagenstufung dafür sorgen, dass Sie ein entsprechendes Preisimage erwerben, also als günstige Buchhandlung gelten. Auch bei der Kalkulation der nicht preisgebundenen Waren haben Sie freie Möglichkeiten und können Sonderangebote machen.

Welche Entscheidungen umfasst die Produktpolitik?

Im Rahmen der Produktpolitik gibt es zwei große Themenkomplexe: die Sortimentspolitik und die Servicepolitik. Bei beiden geht es um die Frage, welche Leistungen angeboten werden sollen.

Welche (wichtigsten) Serviceleistungen bietet der Buchhandel?

Bibliografische Recherchen/Auskünfte, Besorgung nicht vorrätiger Titel, Ansichtsbestellungen, Zustellung nach Hause, Büchergutscheine, Information über Novitäten, Erreichbarkeit (Telefon, Fax, Internet, Anrufbeantworter, Call-Center), Geschenkverpackung, antiquarische Suchanzeige, Kartenzahlung.

Welche Daten nehmen Sie bei einer Kundenbestellung auf?

Name; Anschrift; Bezugsform (fest oder zur Ansicht); ob Zustellung oder Abholung erfolgen soll; ob eine Benachrichtigung gewünscht wird; ob eine Anzahlung geleistet wurde und wenn ja, den Betrag; Zahlungsbedingung (bar, Nachnahme, Rechnung).

Welche Formen der Kartenzahlung können im Buchhandel angeboten werden?

- Electronic Cash (POS) = Zahlung mit ec-Karte und Eingabe der Geheimzahl, online wird die Deckung überprüft, die Zahlung ist garantiert – es gibt auch eine Variante (Electronic Cash Chip), bei der keine Onlineverbindung nötig ist, sondern die Daten zum Limit von einem Speicherchip auf der Karte abgefragt werden. Wenn der Service auch Kunden aus dem Ausland zur Verfügung steht, heißt das Ganze „maestro“.

- POZ = Zahlung mit ec-Karte und Unterschrift, bei Beträgen über 30 € ist zwingend die Sperrenkartei abzufragen, die Zahlung ist nicht garantiert.
- ELV = vom Magnetstreifen der ec-Karte werden nur die Daten über die Kontoverbindung ausgelesen, um eine Lastschrift zu erstellen, der Kunde unterschreibt eine Einzugsermächtigung.
- Geldkarte = von einem Chip wird der zu zahlende Betrag abgebucht, die Zahlung erfolgt sofort.
- Kreditkarte = ähnlich wie Electronic Cash oder POZ, es ist möglich, eine Datenleitung zur Überprüfung einer etwaigen Kartensperre und zur Autorisierung der Zahlung zu nutzen, der Buchhändler hat der Kreditkartengesellschaft eine Provision zwischen 2% und 4% des getätigten Umsatzes zu zahlen.

Woran orientieren Sie sich bei der Sortimentsplanung?

Nachfragetrends, saisonale Schwankungen, Kaufkraftveränderungen, Zielgruppe(n), Konkurrenz und Verkehrslage haben Einfluss auf die Sortimentsplanung. Entscheidend sind aber das klare Erscheinungsbild, die Pflege eines individuellen Stils und die gute Preislagenstufung, die Sie mit Ihrer Sortimentsgestaltung realisieren sollten.

Welche strategischen Grundoptionen haben Sie im Rahmen der Sortimentspolitik?

Sortimentserweiterung (Sortimentsexpansion), Sortimentsbeschränkung (Sortimentsreduktion), Sortimentsdiversifikation (Nonbooks integrieren) und die Veränderung der Sortimentsstruktur (z.B. Schwerpunktverschiebung).

Was bedeuten die folgenden Begriffe zur Sortimentsbeschreibung?
a) tief
b) breit
c) Imagesortiment

a) = viele verschiedene Warenuntergruppen bzw. viele Artikel innerhalb der einzelnen Waren(unter)-gruppe
b) = viele verschiedene Warengruppen
c) = Sortimentsteile, die geführt werden, weil sie für das Image der Buchhandlung von Bedeutung

	sind, die betriebswirtschaftlichen Daten stehen bei dieser Betrachtung hintenan.
d) Aktionssortiment	d) = Sortiment, das in dieser Form nur kurzzeitig im Rahmen einer Aktion geführt wird.
e) Kernsortiment	e) = Basissortiment, wird dauerhaft geführt, stellt den Kern der Aktivitäten dar, was aber nicht heißt, dass der einzelne Titel längerfristig angeboten wird, sondern nur die Sortimentsbereiche an sich; prägt den Charakter des Geschäfts.
f) Randsortiment/Nebensortiment	f) = Sortiment, das das Kernsortiment ergänzt, abrundet, aber wirtschaftlich von untergeordneter Bedeutung ist.
Welche Möglichkeiten der Kommunikationspolitik kennen Sie?	Werbung, Öffentlichkeitsarbeit, Verkaufsförderung, Verkaufsraumgestaltung, Multimediakommunikation.
Was steht im Werbeplan?	Werbeziele, Art und Umfang der Werbemaßnahmen, Budget- und Zeitplanung.
Welche drei grundsätzlichen Möglichkeiten haben Sie bei der zeitlichen Verteilung von Werbemaßnahmen?	▪ Zyklisch werben, d.h. in Zeiten mit hoher Grundnachfrage besonders viel Werbeschaltungen, in Zeiten geringer Nachfrage entsprechend weniger. ▪ Antizyklisch werben, um so einer geringen Nachfrage entgegenzusteuern, wohingegen bei hoher Nachfrage der Werbeeinsatz entsprechend zurückgefahren werden kann. ▪ Konstant werben, also gleichmäßige Verteilung der Werbemaßnahmen über das ganze Jahr, ohne Rücksicht auf die jeweilige Nachfragetendenz.
Wie lautet die AIDA-Formel?	Attention = Aufmerksamkeit gewinnen Interest = Interesse erzeugen Desire = Wunsch wecken Action = Handlung/Kauf auslösen
Welche Werbeziele können sich Buchhändler setzen?	▪ Ökonomische Ziele: Umsatz, Gewinn, Marktanteil etc. ▪ Außerökonomische Ziele: Aufmerksamkeit, Einstellung/Image, Kaufabsicht, Wissen über die Buchhandlung und ihr Angebot etc.

Über die Realisierung der außerökonomischen Ziele wird die Basis gelegt für die Erreichung der ökonomischen Ziele.

Was ist ein Werbemittel, was ein Werbeträger?

Über das Werbemittel wird die Botschaft der Werbung dargestellt, der Werbeträger dient der Übertragung und Streuung dieser Botschaft. Beispiel: Anzeige = Werbemittel und Zeitung = Werbeträger.

Was versteht man unter dem „Streuverlust"?

Als Streuverlust bezeichnet man den Effekt, dass ein Werbeträger die Werbebotschaft auch an Personen überträgt, die nicht zur Zielgruppe gehören und bei denen folglich auch kein Werbeerfolg zu erwarten ist, (z.B. ist bei einer Anzeige für eine Stadtteilbuchhandlung in einer überregionalen Zeitung ein hoher Streuverlust gegeben).

Wie können Sie den Werbeerfolg kontrollieren?

Idealerweise haben Sie die Werbeziele so operationalisiert, dass Sie die Werbeerfolgskontrolle anhand dieser Werte vornehmen können, z.B. wurde tatsächlich das geplante Umsatzwachstum erreicht, die Kundenfrequenz nahm wie gewünscht zu. Grundsätzlich ist eine Kommunikationsmaßnahme erfolgreich, wenn der Rohgewinn, der durch sie generiert werden konnte, größer ist als die mit ihr verbundenen Kosten. Daneben können Sie auch noch andere Kriterien anwenden: bei Pressearbeit die Anzahl und den Inhalt der Berichte, bei Mailings die Rücklaufquote, bei der Schaufensterdekoration die Resonanz aufgrund der Kundenäußerungen bzw. über Presseberichte erfassen, bei Lesungen und anderen Verkaufsförderungsaktivitäten die Zahl der Besucher.

Was ist der Tausenderkontaktpreis (TKP) und welchen Nutzen hat diese Information für Sie?

Der TKP gibt an, wie viel für 1.000 mit einer Werbebotschaft erreichte Personen zu zahlen ist. Teilweise werden die Werbeträger nach TKP abgerechnet (z.B. Bannerwerbung), bei anderen Medien wird der TKP zur Information angegeben. Er ermöglicht den Vergleich zwischen verschiedenen zur Wahl stehenden Werbeträgern.

Worauf ist bei der Planung der Ladengestaltung zu achten?

Auf eine klare und übersichtliche Gliederung des Sortiments, die Schaffung angenehmer Rahmenbedingungen (z.B. Klimaanlage, Garderobe), dass sie unverwechselbar ist und zum Corporate Design passt, ggf. Unterstützung des Erlebnischarakters des Einkaufs, Erleichterung von Selbstbedienung und Regalpflege.

Welche Regalzonen können unterschieden werden?

In der Reihenfolge ihrer Wertigkeit: Griffbereich (oben und unten), Reckbereich und Bückbereich.

Welche Ordnungsprinzipien für das Lager kennen Sie und in welchen Bereichen setzen Sie sie jeweils ein?

- Nach Altersgruppen im Kinder- und Jugendbuch
- Nach Nummern bei Reihen
- Nach der Chronologie im historischen Bereich
- Nach der Größe/dem Format bei Bildbänden und Bilderbüchern
- Nach dem Autorenalphabet in der Belletristik
- Nach dem Länderalphabet innerhalb der Kontinente in der Reiseabteilung
- Nach dem Sprachenalphabet in der Sprachenabteilung

Wie können Sie die Bücher präsentieren?

a) stationärer Verkauf: Schaufenster, Tische und Regale im Laden, Rückenpräsentation und Frontalpräsentation, Stapelpräsentation
b) ambulanter Verkauf: auf Büchertischen, über Katalog (Website oder Printkatalog), Musterstücke (Reisebuchhandel)

Was versteht man unter dem „Loop"?

Der Loop ist der Kundenleitweg, auf dem die Kunden möglichst lange verweilen sollen, um mit vielen Bereichen der Buchhandlung in Kontakt zu kommen.

Wie kann Ihre Buchhandlung auch online ihr Angebot bereitstellen?

Über eine Kooperation mit einem Barsortiment (www.buchkatalog.de, www.libri.de, www.buchservice.net) bzw. mit www.buchhandel.de als angeschlossene Partnerbuchhandlung für Bestellungen, über eine eigene Website oder über E-Mail-Bestellmöglichkeit.

Worauf achten Sie bei der Konzeption der Website Ihrer Buchhandlung?

Benutzerfreundliche Bedienung; Integration von speziellen Services (z.B. Newsletterbestellung); aktuelle Inhalte; Dialogmöglichkeit; übersichtliche Gestaltung und einfache Navigation; Grafikformate so wählen, dass keine langen Ladezeiten entstehen; einfacher Domainname, den man sich leicht merken kann; auch für ältere Browserversionen aufrufbar und nicht bloß auf einen Browsertyp hin optimiert; Einhaltung der Vorschriften des Teledienstgesetzes und des BGB bezüglich der Fernabsatzverträge; bequeme Bestellmöglichkeit; Datenschutz.

Wie können Sie den Erfolg Ihres Internetauftritts überprüfen?

- Zahl der Onlinebestellungen
- Anteile des Internetvertriebs am Gesamtumsatz
- Beitrag des Internetvertriebs zum Umsatzwachstum
- Pageimpressions = Seitenabrufe, Zahl der vollständigen, technisch einwandfreien Abrufe einer HTML-Seite.
- Visits = Besuche, aufeinander folgende Seitenabrufe eines Internethosts, nach 15 Minuten, in denen kein Element mehr abgerufen wurde, gilt ein Visit als beendet.

Diese Zahlen können Sie von Ihrem Internetprovider erhalten.

Was beachten Sie bei der Schauwerbegestaltung Ihrer Buchhandlung?

Beim Schaufenster: Blickfang und werbliche Aussage gut sichtbar; räumliche Wirkung; Einsatz von Licht(effekten); gut sichtbare Preisauszeichnung, ggf. einen Hinweis darauf, dass es sich um Titel des Modernen Antiquariats handelt; Hilfsmittel unauffällig einsetzen; sauber halten. Weiterführung des Schaufensterthemas in der Dekoration im Ladengeschäft, außerdem muss die im Schaufenster ausgestellte Ware im Laden entsprechend hervorgehoben präsentiert werden (z.B. auf den Aktionstischen). Nicht zu lange ein und dieselbe Dekoration einsetzen.

Welche Angaben nehmen Sie in Ihre Kundendatei auf?

Name, Vorname und ggf. Titel, Adresse, Telefon, Handy, Fax und E-Mail-Adresse. Geburtsdatum oder Beruf sind zwar für Werbezwecke hilfreich, werden aber von den Kunden nicht unbedingt gern angegeben. Diese Daten können Sie abfragen, wenn es um die Ausstellung einer Kundenkarte geht, die mit einem Monatskonto verbunden ist, aber nicht bei einer beliebigen Bestellung.

Worauf haben Sie im Umgang mit den Kundendaten nach dem Bundesdatenschutzgesetz zu achten?

Einwilligung des Betroffenen in die Speicherung; Verhinderung eines Missbrauchs, indem eine Zugriffskontrolle stattfindet; Eingabekontrolle, um nachvollziehen zu können, wer für eine gespeicherte Information verantwortlich ist; Auskunft über die gespeicherten Daten und ggf. Löschung bzw. Korrektur der Daten, wenn sie nicht korrekt sind.

Welche Bestandteile hat ein Mailing (Werbebrief)?

Werbebrief, Antwortkarte, Umschlag, ggf. Prospekt, ggf. zusätzliche Kleinwerbemittel (z.B. Aufkleber).

Welche sachlichen Angaben sollten im Werbebrief enthalten sein?

Verfasser, Titel, Umfang, Ausstattung, Preis, etwaige Sonderbedingungen (z.B. Subskriptionspreis, Pflichtfortsetzung), Vorbestellung, Erscheinungstermin, ob eine Lieferung zur Ansicht möglich ist, Zustellmöglichkeiten.

Welche Faktoren bestimmen über den Erfolg Ihres Mailings?

Qualität des Adressmaterials; Logo und Absender deutlich sichtbar; attraktiver Betreff, sodass der Werbebrief überhaupt gelesen wird; personalisierte Ansprache; KISS (keep it short and simple) bei der Nutzenherausstellung; Dramaturgie (Neugierde erzeugen, Erläuterung des Angebots, Aufforderung zur Handlung); Hervorhebungen; in Absätze mit nicht mehr als fünf bis sechs Zeilen gegliedert; eingängiger, aktiver Sprachstil.

Wie können Sie die Adressen für das Mailing gewinnen?

Aus Ihrer Kundendatei, aus Adressverzeichnissen, über Gewinnspiele, Anmietung von Adresskollektionen von Adresshändlern.

Welche Kosten entstehen beim Direktmarketing?

Evtl. Adressenmiete oder Adressenerfassung (Kosten der Eingabe), Kosten für die Gestaltung (eigene Handlungskosten oder die Aufwendungen für eine Agentur), Materialkosten (Umschlag, Brief, Prospekt, Kleinwerbemittel, Antwortkarte, Druck der Briefe), Konfektionierung (eigene Handlungskosten oder die Aufwendungen für einen Lettershop) und die Kosten für den Versand sowie ggf. das Porto für die Rückantworten.

Was müssen Sie bei E-Mail-Werbung beachten?

E-Mail-Werbung darf grundsätzlich nur an Personen versandt werden, die sich damit einverstanden erklärt haben.

Wann dürfen Sie Telefonmarketing einsetzen?

Bei Privatpersonen nur nach vorheriger Zustimmung zum telefonischen Kontakt. Bei Firmen, wenn angenommen werden darf, dass an Ihrem Angebot Interesse besteht (ist gegeben, wenn es zur Branche des Angerufenen passt oder bereits in der Vergangenheit Bestellungen stattgefunden haben) oder wenn vorher das Einverständnis zur telefonischen Kontaktaufnahme eingeholt wurde.

Worauf achten Sie bei der Planung von Anzeigenwerbung?

Möglichst genaue Abstimmung des Werbeträgers auf die Zielgruppe, um den Streuverlust gering zu halten (evtl. Mediaanalysen studieren); ivw-geprüfte Auflagenzahlen (ivw = Informationsgemeinschaft zur Feststellung der Verbreitung von Werbeträgern); Typ und Platzierung der Anzeige; Gestaltung entsprechend Corporate Design und Corporate Communications; falls es sich nicht um eine einmalige Maßnahme handelt: Konditionen für Mehrfachschaltung aushandeln; Entwicklung einer Anzeigenserie.

Wie können Sie im Internet Werbung treiben?

Banner- und Buttonwerbung, bezahlter Suchmaschineneintrag, damit Ihr Angebot als einer der ersten Treffer erscheint, Sponsoring von Websites, bezahlte Links auf thematisch oder regional relevanten Websites; E-Mail-Werbung, Newsletter.

Welche Instrumente der Öffentlichkeitsarbeit (PR) kennen Sie?

Informationsbroschüren, Pressemappe, Pressemitteilung, Kontakte zu Multiplikatoren pflegen; Human Relations (bei Filialisten): Mitarbeiterzeitung, betriebliches Vorschlagswesen etc.

Was bedeutet Sales Promotions und welche Formen sind Ihnen geläufig?

Sales Promotion = Verkaufsförderung; Aktionen, die meist am Point of Sale stattfinden, um den Absatz anzukurbeln, z.B. Signierstunde, Lesung, Diavortrag, Fahrt zur Buchmesse, Vorlesewettbewerb, Gewinnspiele etc.

Was ist unter Eventmarketing zu verstehen?

Eventmarketing liegt dann vor, wenn eine Kommunikationsaktivität einen besonderen Ereignischarakter hat, der sie für die teilnehmenden Kunden zu einem Erlebnis werden lässt, das ihnen emotional nahe geht, z.B. Lesung vor einer besonders attraktiven Kulisse, etwa in einer Burgruine statt in der Buchhandlung, oder zur Vorstellung eines Kochbuchs wird vom Verfasser mit Kunden in der Buchhandlung gekocht.

Welche Fragen sind bei der Vorbereitung einer Lesung zu klären?

Kommunikationsmaßnahmen im Vorfeld (Öffentlichkeitsarbeit, Werbung), Raum, Ausstattung mit erforderlichem Mobiliar, Dekoration des Raums, Betreuung des Autors, evtl. Organisation von Bewirtung/Umtrunk, Einführung des Autors, Organisation der Nachbereitung der Lesung.

Worauf ist bei der Organisation eines Büchertischs zu achten?

Auswahl der Titel; Aktionskonditionen aushandeln (v.a. Bezugsform!); Anlieferbedingungen klären; Warenpräsentation aufbauen; Standbetreuung organisieren; Kasse mit Wechselgeld, Quittungsblock, Bestellzettel, Firmenschild, Werbematerialien, Tragetüten; unterstützende Kommunikationsmaßnahmen (im Laden und über verschiedene Werbeträger).

Wo können Sie Branchenwerbemittel beziehen?

Von der MVB, den Barsortimenten, spezialisierten Anbietern (z.B. Rossipaul, Buchwerbung der Neun) und, sofern Ihre Buchhandlung dort Mitglied ist, auch von buchhändlerischen Genossenschaften (LG Buch, eBuch).

Welche Kaufmotive kennen Sie?

Unterhaltung, Weiterbildung/-entwicklung, Geschenk, Problemlösung, Lebenshilfe, Geltungsbedürfnis/Selbstdarstellung, Teilhabe/mitreden können.

Welche Frageformen im Verkaufsgespräch werden unterschieden?

- Offene Fragen (teilweise auch als „W-Fragen" bezeichnet, weil sie oft mit einem Fragewort, das mit „W" beginnt, eingeleitet werden),
- geschlossene Fragen (nur Ja oder Nein als mögliche Antwort),
- Alternativfragen (in der Frage werden mindestens zwei mögliche Antworten angeboten),
- Suggestivfragen (dem Kunden wird eine bestimmte Antwort nahe gelegt, indem die Frage seine Zustimmung herausfordert – setzt den Kunden unter Druck).

Welche Phasen umfasst das Verkaufsgespräch?

Begrüßung, Eröffnung, Argumentation, Abschluss und Verabschiedung.

Wie können Sie die Lagerkontrolle durchführen?

Mittels manueller Bestandsaufnahme am Regal oder über das Warenwirtschaftssystem.

Welche Anlässe für eine Lagerkontrolle gibt es?

Pflicht: Inventur; für die jeweiligen Verlage zum Abrechnungstermin beim Bedingtbezug
sonst: Lageraufnahme im Zuge der Vorbereitung des Vertreterbesuchs

Wie funktioniert eine manuelle Warenwirtschaft?

Buchlaufkarte für neuen Titel anlegen (Autor, Titel, ISBN, Verlag, Preis, Warengruppe, Lieferdatum, Anzahl der bezogenen Exemplare); ein Exemplar mit der Karte in den Verkaufsraum, die anderen aufs Lager geben. Wenn das Buch verkauft wird, wird die Karte entnommen, das nächste Exemplar damit ausgestattet und so weiter, wobei laufend disponiert wird, ob eine Ersatzbestellung erforderlich ist. Die Buchlaufkarte dient dann auch als Bestellunterlage und wandert in die Bestellkartei, wenn das letzte Exemplar verkauft wurde, sobald die Lieferung dann eintrifft, wird die Karte wieder eingelegt. Von Titeln, die nicht mehr nachbestellt werden, werden die Karten vernichtet oder noch eine Weile in der Dispositionskartei aufbewahrt. Bei der Lagerkontrolle kann aufgrund der Angabe des Lieferdatums auf der Buchlaufkarte festgestellt werden, ob der Titel remittiert werden sollte.

Wie arbeitet eine EDV-gestützte Warenwirtschaft?

Registrierung der Bestellung – jeder Artikel ist somit erfasst; Verbuchung des Lagerzugangs am Computer, automatischer Etikettendruck; Rechnungsprüfung mithilfe des Computers; Erfassung der Verkaufsdaten; Bestandsfortschreibung – Informationen jederzeit abrufbar; Unterbreitung von Bestellvorschlägen durch den Computer. Mögliche Abfragen: Lagerbestandslisten; Verkaufslisten; Dispositionslisten. Vielfältige Auswertungen sind möglich, z.B. wie sich der Titel an den letzten x Tagen verkauft hat, wie der Umsatz sich über das Jahr verteilt etc.

Welche Verkaufsdaten sollten Sie über Ihre Kasse erfassen (können)?

Umsatzsteuersatz und -betrag; jeweilige Warengruppe; ob es sich um ein Besorgungsgeschäft handelt; ob eine Lieferung auf Rechnung bar bezahlt wurde.

Welche Bestellanlässe kennen Sie?

Kundenbestellung, Novitäteneinkauf, Saison- oder Aktionseinkauf und Lagerergänzung (Backlistbestellung).

Welche Informationsmöglichkeiten haben Sortimenter für ihren Einkauf?

Verlagsvorschauen für den Novitäteneinkauf, Verlagsprogramme/-verzeichnisse für die Backlistbestellung und die buchhändlerische Fachpresse (Börsenblatt, BuchMarkt, Buchreport, Buchhändler heute) sowie für einzelne Warengruppen auch spezielle Fachzeitschriften und Rezensionsorgane (z.B. Eselsohr, Leanders Leseliste und die Materialien des Arbeitskreises für Jugendliteratur, wenn es um den Kinderbuchbereich geht), Buchbesprechungstage; Buchmessen; Vertreterbörse; Vertreterbesuch.

Wie bereiten Sie sich auf einen Vertreterbesuch vor?

Studium des vorab erhaltenen Informationsmaterials; Limit bestimmen; vorläufige Bestellzahlen vorbereiten (Lageraufnahme Backlist, Vorplanung

Novitäteneinkauf); Schutzumschlagsbestellung zusammenstellen; Verhandlungsziele (Konditionen) festlegen; Überlegungen zu möglichen gemeinsamen Aktionen fixieren; Unstimmigkeiten und Probleme in der Zusammenarbeit mit dem Verlag festhalten, um sie anzusprechen.

Welche drei Aspekte muss der Sortimenter bei den Verhandlungen über die Einkaufskonditionen im Auge behalten?

Die Liquidität (Zahlungsbedingungen), das Lagerrisiko (Bezugsformen) und den Rohgewinn (Rabattierung, Bezugskosten).

Welche Bezugsformen gibt es?

Fest, fest mit RR (= Remissionsrecht), fest mit UR (= Umtauschrecht), Bedingtbezug auch àc-Bezug (à condition qu'on le vende) oder Kommissionsbezug genannt, Standing Order.

Worin besteht der Unterschied zwischen RR und UR?

Beim Remissionsrecht erhält der Buchhändler den Gegenwert der Remittenden gutgeschrieben, beim Umtauschrecht gibt er dagegen für den Gegenwert der zurückgegebenen Ware eine Bestellung über andere Titel des Verlags auf.

Wie funktioniert der Bedingtbezug?

Der Buchhändler erwirbt beim Bedingtbezug kein Eigentum, vielmehr verkauft er die Bücher als Kommissionär gemäß HGB im Auftrag des Verlags, der sie ihm liefert. Zum vereinbarten Abrechnungstermin führt der Buchhändler eine Lagerbestandsaufnahme über die àc-bezogenen Titel durch. Die verkauften Bücher werden entsprechend den mit dem Verlag vereinbarten Konditionen bezahlt. Die Titel, bei denen man noch Verkaufschancen sieht, werden weiter im Laden behalten, man bezeichnet das auch als „disponieren" und spricht entsprechend von den Büchern als „Disponenden". Die Werke, bei denen der Buchhändler meint, sie nicht verkaufen zu können, remittiert er. Bei Neuauflagen ruft der Verlag von sich aus, auch zwischen den Abrechnungsterminen die Bücher zurück. Da der Buchhändler beim Bedingtbezug nur im eigenen Namen, aber für fremde Rechnung verkauft, hat er keinerlei Lagerrisiko.

Was versteht man unter einer Standing Order?

Bei einer Standing Order bezieht der Buchhändler alle neu erscheinenden Titel einer Reihe, eines bestimmten Programms oder eines Verlags. Ob die Lieferung fest oder mit einer vorteilhafteren Bezugsform erfolgt, hängt von der Vereinbarung mit dem Verlag ab.

Welche verschiedenen Rabattarten gibt es?

- Originalverlagsgrundrabatt: Rabatt, mit dem ein Einzelexemplar beim Verlag bezogen werden kann.
- Reise- oder Vertreterrabatt: gilt für Aufträge, die über den Vertreter laufen (= Reiseaufträge), ein Vertreterbesuch ist dafür nicht unbedingt erforderlich, da die Reiseaufträge und ihre Ergänzungen auch über andere Kommunikationswege abgewickelt werden können. Der Reiserabatt ist nicht an ein bestimmtes Bestellvolumen geknüpft.
- Messerabatt: Ähnelt dem Reiserabatt und wird für Aufträge auf der Messe gewährt, auch dieser Rabatt ist nicht an eine bestimmte Bestellmenge gebunden.
- Naturalrabatt: Alle Spielarten der Partie bezeichnet man als Naturalrabatt, weil hier zusätzlich zum prozentualen Nachlass noch in Form von Naturalien (= Freiexemplare) ein weiterer Nachlass gewährt wird.
- Aktionsrabatt: Wie der Name bereits aussagt, wird dieser Rabatt für Aktionen gewährt. Wobei unter dem Begriff der Aktion alle möglichen Formen von Veranstaltungen zu verstehen sind, die den Absatz der Bücher fördern (Lesungen, Signierstunden, Schaufensterwettbewerbe ...).
- Einführungsrabatt: Dieser Rabatt wird bei der Einführung einer Reihe (nur in Ausnahmefällen auch bei Einführung eines einzelnen Titels) gewährt.
- Staffelrabatt: Der Staffelrabatt ist ein gestufter Rabatt, gekoppelt an die bestellte Menge. Es gibt ihn bei Orders für einen einzelnen Titel, bei Be-

stellungen einer Reihe (= Fortsetzungsrabatt) oder auch bezogen auf den mit dem Verlag getätigten Jahresumsatz.

Wie lauten die üblichen Partien bei Publikumsverlagen und bei wissenschaftlichen Verlagen?

Bei Publikumsverlagen ist die Partie 11/10 üblich, für zehn Exemplare zahlt der Buchhändler, das elfte ist die freie Dreingabe. Im wissenschaftlichen Bereich sind 7/6 und 6/5 die üblichen Partien.

Was versteht man unter einer gemischten Partie und in welchen Bereichen wird sie praktiziert?

Eine gemischte Partie bezieht sich auf verschiedene Titel eines Verlags und ist bei Kalenderverlagen oder Reihen mit einheitlichem Preis für alle Bände gebräuchlich.

Wann liegt eine so genannte Reizpartie vor?

Von einer Reizpartie spricht man, wenn die Zahl der Freiexemplare stärker ansteigt, als dies normalerweise der Abnahme dieser Menge entspricht (z.B. 23/20 , 35/30, 58 oder 59/50, 120/100), auf diese Weise reizen die Verlage zur Bestellung einer größeren Partie an.

Wie funktioniert die Partieergänzung?

Partieergänzung liegt vor, wenn der Buchhändler zunächst nur fünf Exemplare bestellt, aber mit dem Verlag vereinbart, dass falls innerhalb einer festgelegten Frist eine zweite Bestellung von fünf Exemplaren desselben Titels erfolgt, die Partie damit voll wird und das Freiexemplar mit der zweiten Bestellung geliefert wird. In diesem Fall lautet die zweite Bestellung 6/5.

Wie berechnen Sie den Effektivrabatt bei einer Partie?

Zur Berechnung des Effektivrabatts bei einer Partie multiplizieren Sie zunächst den prozentualen Rabatt, den Sie auf die Exemplare erhalten haben, die Sie bezahlen müssen, mit der Anzahl der Exemplare, z.B. 35% x 10 = 350%, dazu addieren Sie dann 100% Rabatt für das Freiexemplar (bei mehreren Freiexemplaren müssten Sie wiederum mit der Anzahl multiplizieren) z.B. 350% + 100% = 450%, nun dividieren Sie durch die Anzahl der insgesamt erhaltenen Exemplare z.B. 450% : 11 = 40,91%.

Worauf ist bei der Remission nicht verkaufter Exemplare zu achten, wenn ein Partiebezug zugrunde liegt?

Sie erhalten vom Verlag neben den von Ihnen voll bezahlten Exemplaren nur diejenigen Freiexemplare vergütet, die Ihrer Buchhandlung aufgrund der Anzahl der verkauften Exemplare zustanden. Wenn Sie beispielsweise eine Reizpartie 23/20 bezogen hatten und 18 Exemplare verkauft haben, stand Ihnen ein Freiexemplar für die normale Partie 11/10 (Bestellung bei einem Publikumsverlag) zu. In diesem Fall würden Ihnen drei von fünf remittierten Exemplaren gutgeschrieben.

Worin besteht der Unterschied zwischen Bonus und Jahresabschluss?

Beides sind Formen des auf den Jahresumsatz bezogenen Staffelrabatts. Während der auch als Abschlussrabatt bezeichnete Jahresabschluss bereits während des Jahres für alle Bestellungen angewendet wird, erhält die Buchhandlung einen Bonus erst als nachträgliche Vergütung für das Erreichen der vereinbarten Umsatzstufe. Der Umsatz muss remittendenbereinigt das festgelegte Niveau erreichen, d.h., alle Remissionen werden von den Bestellungen abgezogen.

Welche Zahlungsbedingungen sind im Buchhandel gebräuchlich?

Zahlbar nach Empfang, Skonto, Zahlungsziel, Valuta und BAG-Einzug.

Wann ist eine Rechnung, auf der „zahlbar nach Empfang“ steht, laut Verkehrsordnung fällig?

Innerhalb von 30 Tagen nach Rechnungsdatum, wobei bei Zahlung innerhalb von acht Tagen Skonto gewährt werden kann.

Welchen Effekt hat die Valuta hinsichtlich des Zahlungstermins?

Bei der Zahlungsbedingung x Tage Valuta verändert sich die Wertstellung der Fälligkeit entsprechend um x Tage. Das heißt, dass die Fristen für Skonto oder auch das Zahlungsziel sich entsprechend verschieben, z.B. beim Rechnungsdatum 5. Oktober wäre 10 Tage 2% Skonto, Ziel 30 Tage, 60 Tage Valuta vereinbart, dann könnte bis 15. Dezember mit Skonto und bis 5. Januar mit Ziel gezahlt werden.

Wie funktioniert das Monatskonto zwischen Verlag und Buchhandlung?

Statt Monatskonto spricht man auch vom Bezug in Rechnung mit periodischem Zahlungsziel. Der Verlag schickt dabei dem Sortimenter Kontoauszüge über die in der Rechnungsperiode erfolgten Lieferungen. Laut Verkehrsordnung ist das Konto bis zum 20. Tag nach Ablauf der betreffenden Rechnungsperiode auszugleichen. Falls es Unstimmigkeiten gibt, muss der Sortimenter diese sofort melden, und er hat den unstrittigen Teil der Forderungen zu begleichen. Der Verlag darf in diesem Fall den umstrittenen Betrag auch nicht einziehen, sondern muss zunächst die Klärung des Sachverhalts abwarten.

Wie ist der Zusammenhang zwischen Lagerumschlagsgeschwindigkeit und Vorfinanzierung des Lagers?

Je höher die Lagerumschlagsgeschwindigkeit, desto geringer die Lagerdauer in Tagen (Lagerdauer in Tagen = 360 : LUG), von den vereinbarten Zahlungsbedingungen hängt es dann ab, ob der Sortimenter das Lager vorfinanzieren muss oder ob er die Ware bereits bis zur Fälligkeit der Zahlung verkauft hat, z.B. LUG von 6, dann beträgt die Lagerdauer 60 Tage, bei einem Zahlungsziel von 90 Tagen müsste das Lager dann nicht vorfinanziert werden; bei einem Zahlungsziel von 30 Tagen hingegen, hätte der Buchhändler 30 Tage das Lager vorfinanziert.

Wie funktioniert das Konzept der Jahreskonditionen?

Bei diesem Konzept geht man davon aus, dass es für beide Beteiligte, Verlage und Sortimenter, vorteilhaft ist, nicht bei jeder Bestellung von neuem über die Bezugskonditionen verhandeln zu müssen. Dabei wird der gesamte Konditionenmix berücksichtigt, neben der Rabattierung also auch Bezugsformen, Zahlungsbedingungen und Bezugskosten. Dafür muss der Sortimenter aber auch Verpflichtungen hinsichtlich Verkaufsförderung, Vertreterbesuchen etc. eingehen.

Welche Bestellwege gibt es im Buchhandel und welcher ist aus Gründen der Rationalisierung zu bevorzugen?

Mit Bestellwegen sind die Kommunikationswege bei der Aufgabe der Bestellung gemeint. Möglich sind bei Verlagsbestellungen: direkt an den Verlag bzw. seine Auslieferung über den Postweg, Fax, Telefon, E-Mail oder Bestellung über die Bestellanstalten

(KNO/KV, Libri, IBU). Barsortimentsbestellungen erfolgen in der Regel über DFÜ in Form strukturierter Daten, die vom Barsortiment bei den Buchhändlern abgerufen werden; nur ein sehr geringer Teil der Barsortimentsbestellungen erfolgt noch über Telefon. Aus Rationalisierungsgründen sollten sowohl Barsortiments- als auch Verlagsbestellungen in elektronischer Form erfolgen, da dann die Bestelldaten nicht extra noch erfasst werden müssen. Angestrebt wird dabei, dass auch die Verlagsbestellungen künftig in Form strukturierter Daten übermittelt werden (EDI= Electronic Data Interchange), wobei der Börsenverein den EANCOM-Standard für diese Kommunikationsform empfiehlt.

Auf welchen Lieferwegen können die Bücher vom Verlag zur Buchhandlung gelangen?

Die Bücher gelangen über die Post (Büchersendung oder Pakete), private Paketdienste, Spedition und Büchersammelverkehr zum Buchhandel.

Wie wird beim Büchersammelverkehr die Gebühr berechnet?

Die Gebühr für den Büchersammelverkehr wird rein nach Gewicht berechnet, die Entfernung spielt keine Rolle. Dabei gibt es eine Gebührenstaffel nach Kilogramm, sodass den Buchhandlungen ein Anreiz geboten wird, möglichst viele Sendungen über den Büchersammelverkehr laufen zu lassen, weil sonst vielleicht ein paar Kilo zur nächstgünstigeren Gebührenstufe fehlen.

Wie können Sie eine Bestellung ausländischer Titel abwickeln?

Sie können über einen spezialisierten Importgrossisten bestellen, was sich anbietet, wenn der von Ihnen benötigte Titel bei ihm als Katalog- bzw. Lagertitel geführt wird. Ebenso ist es möglich, von einem ausländischen Exportgrossisten zu beziehen, was bei kleineren Bestellungen eine gute Möglichkeit darstellt. Die Bestellung direkt beim Verlag bietet sich nur bei größeren Mengen und einer eingespielten Beziehung zum ausländischen Partner an. Auch über die Barsortimente und deren ausländische Partner können Sie grundsätzlich ausländische Titel beziehen.

Welche Regelungen sieht das Preisbindungsgesetz für importierte Bücher vor?

Laut Preisbindungsgesetz legt der Importeur den Preis für den Verkauf an den Endverbraucher fest. Dabei gilt der vom Verlag empfohlene Verkaufspreis für Deutschland als Untergrenze, wenn es diesen nicht gibt, ist der Nettoverkaufspreis des Ursprungslands zuzüglich der deutschen Mehrwertsteuer als Minimum anzusetzen. Wenn allerdings innerhalb des Europäischen Wirtschaftsraums (EWR) besonders günstig, d.h. zu besseren Konditionen als im Ursprungsland für die dortigen Buchhändler üblich, eingekauft wurde, darf der für Deutschland festzulegende Preis auch entsprechend niedriger angesetzt werden.

Gilt die deutsche Preisbindung auch beim Export von Büchern?

Die deutsche Preisbindung gilt grundsätzlich nicht beim grenzüberschreitenden Verkauf. Die im Börsenblatt erscheinenden gebundenen Preise für Österreich etwa werden dort vom Auslieferer festgelegt. Eine Ausnahme bilden Bestellungen aus dem Ausland, bei denen erkennbar ist, dass die Absicht zum Reimport nach Deutschland besteht. In diesem Fall wäre es ein Verstoß gegen das Preisbindungsgesetz, wenn ohne Preisbindung verkauft würde.

Welche Bezugsquellen für Zeitschriften haben Sie für
a) wissenschaftliche Zeitschriften und Fachzeitschriften?
b) Publikumszeitschriften?

a) Vom Verlag bzw. seiner Auslieferung direkt
b) Über den Pressegrosso, in dessen Gebiet Ihre Buchhandlung liegt – Ausnahme: Bahnhofsbuchhandlungen, diese werden direkt von den Verlagen beliefert.

Was versteht man unter einer Bestellanstalt?

Eine Bestellanstalt übermittelt als Sortimenter-Kommissionär die Bestellungen der Buchhändler an die Verlage bzw. deren Auslieferungen weiter. Die Weiterleitung erfolgt in der Regel elektronisch, sofern ein Verlag nicht auf diese Weise erreichbar ist, auch über Fax oder die Briefpost.

Welche neutrale Bestellanstalt kennen Sie?

Der Informationsverbund Buchhandel (IBU) ist die neutrale Bestellanstalt der Branche.

Worauf achten Sie bei der Abwicklung einer Bestellung eines Fortsetzungswerkes?

Auf einen eventuellen Subskriptionspreis, den Fortsetzungsrabatt und die Frage, zu welchen Bedingungen eine Direkteinweisung vom Verlag an die Kunden möglich ist. Alle bibliografischen Angaben und die vereinbarten Konditionen sind bei einem neuen Titel in der Stammdaten- bzw. Titelmaske (oder manuell in der Objektkartei) festzuhalten und die Lieferungen entsprechend zu überprüfen, die Kundendaten werden in der Bezieherkartei (oder -datei) erfasst. Bei einer manuellen Warenwirtschaft werden die Kundenkarten doppelt ausgestellt, ein Exemplar für die Bezieherdatei, das zweite wird hinter der Titelkarte in der Objektdatei eingereiht. In einem elektronischen Warenwirtschaftssystem sind Titeldaten und Bezieherdaten entsprechend verknüpft.

Welche Funktion haben die Verlagsvertreter?

Verlagsvertreter informieren die Buchhändler über die Programme der von ihnen vertretenen Verlage und nehmen die Reiseaufträge auf. Sie geben die Kritik und die Anregungen der Sortimenter an die Verlage weiter. Bei Unstimmigkeiten zwischen Buchhandlung und Verlag nimmt der Verlagsvertreter eine Vermittlerrolle ein. Außerdem nimmt er sich der Remissionswünsche der Sortimenter ebenso an wie der Planung gemeinsamer Aktionen mit dem Verlag.

Sind alle Verlagsvertreter Handelsvertreter im Sinne des Handelsgesetzbuchs?

Nein, es gibt auch Verlagsvertreter, die fest bei einem Verlag angestellt sind. Diese sind nur Reisende im Sinne des Handelsgesetzbuchs. Nur der selbstständige Verlagsvertreter, der meist für mehrere Verlage mit unterschiedlichen Programmen auf Reise geht, ist Handelsvertreter gemäß HGB. Während Reisende ein Fixum und nur einen geringen Anteil an erfolgsabhängiger Vergütung erhalten, bekommen die Handelsvertreter nur eine umsatzbezogene Provision.

Wie verfahren Sie, wenn die Verpackung einer eingehenden Sendung beschädigt ist?

Die Beschädigung der Verpackung wird sofort beim jeweiligen Transporteur angezeigt, denn die Verlage haften grundsätzlich nicht für Transportschäden. Sofern die Sendung über Post kommt, lassen Sie sich den festgestellten Schaden bescheinigen. Anschließend ist der Absender der Sendung zu informieren, da die Post nur ihm gegenüber haftet.

Worauf überprüfen Sie den Wareneingang, wenn bereits feststeht, dass die Sendung äußerlich unbeschädigt und auch korrekt adressiert ist?

Vollständigkeit (Anzahl der Packstücke, Gewicht der Sendung), Mängel, Abgleich mit den Bestellunterlagen, Meldenummernbearbeitung, korrekte Etikettierung (soweit das Barsortiment oder der Verlag diesen Service für Sie erbracht haben).

Innerhalb welcher Frist müssen Sie einen offenen Mangel rügen?

Offene Mängel, d.h. solche, die bei einer fachmännischen Wareneingangsprüfung sofort zu erkennen sind, müssen sowohl nach Verkehrsordnung als auch nach dem HGB unverzüglich gerügt werden. Unverzüglich bedeutet ohne schuldhaftes Zögern.

Innerhalb welcher Frist verjähren Ihre Ansprüche aus einem versteckten Mangel, sofern die Verkehrsordnung nicht greift (Nonbooks)?

Ansprüche aus versteckten Mängeln verjähren seit dem 1.1.2002 nach dem BGB mit einer Frist von zwei Jahren ab der Lieferung.

Wie bearbeiten Sie die Eingangsrechnungen?

Sofern das nicht bereits im Wareneingang erfolgt ist, vergleichen Sie die Konditionen auf der Rechnung mit den bei der Bestellung vereinbarten bzw. den Jahreskonditionen Ihrer Buchhandlung. Sortieren Sie die Belege nach Skontoterminen bzw. Zahlungszielen. Die Rechnungen, von denen feststeht, dass sie über das Lastschriftverfahren eingezogen werden, legen Sie gesondert ab (Offene-Posten-Akte) und überwachen dann, ob der Einzug entsprechend der Vereinbarung erfolgt.

Welche möglichen Gründe für eine Remission gibt es, die der Verlag zu vertreten hat?

Lieferung von mehr Exemplaren, als bestellt waren; Lieferung eines falschen Titels; Lieferverzug bei einem Fixkauf; Rückruf; Lieferung zu einem Ladenpreis, der erheblich über dem ursprünglich angekündigten liegt; eine unverlangte Sendung, sofern die Buchhandlung sie nicht grundsätzlich bei Neuerscheinungen verlangt hat.

Welche Konsequenzen hat es, wenn der Verlag die Remission verschuldet hat?

Der Verlag hat die Porto- und Versandkosten für die Hin- und Rücksendung zu tragen, darüber hinaus kann der Buchhändler auch noch eine angemessene Bearbeitungsgebühr aufgrund seiner innerbetrieblichen Kosten verlangen.

Welche Voraussetzungen müssen erfüllt sein, damit Sie die vereinfachte Remission nützen können?

Es muss sich grundsätzlich um Defektexemplare handeln (auch möglich: inhaltlich überholte Taschenbücher, z.B. Gesetzestexte, wenn der Verlag dieses Verfahren wählt), der Verlag muss in der „VR-Liste" (Liste der Verlage, die sich am Verfahren der vereinfachten Remission beteiligen) aufgeführt sein, und der Ladenpreis muss innerhalb der in der VR-Liste genannten Betragsgrenze liegen.

Wie läuft die vereinfachte Remission ab?

Sie müssen aus der VR-Liste herauslesen, welche Teile des Buchs der Verlag von Ihnen als Belegteile verlangt, diese trennen Sie heraus. Anschließend schreiben Sie den Remissionsbeleg aus und vermerken darauf deutlich „Defektexemplar/vereinfachte Remission". Bei der Adressierung müssen Sie wiederum die Angaben der VR-Liste beachten, ob an den Verlag direkt oder an seine Auslieferung zu remittieren ist. Vermerken Sie auf der Verpackung „Achtung vereinfachte Remission, bitte sofort bearbeiten" und fügen Sie der Sendung den Remissionsbeleg bei. Aus der VR-Liste können Sie auch entnehmen, welche Vergütungsart der Verlag praktiziert. Kontrollieren Sie die Vergütung, bei eventuellen Reklamationen sind die Angaben des VR-Belegs zu wiederholen (am besten, Sie verwenden gleich eine Kopie).

Welches Recht hat der Verlag nach der Verkehrsordnung, wenn bei einer Remission die Originalverpackung fehlt?

Der Verlag kann in diesem Falle die Selbstkosten für die fehlende Verpackung fordern.

Wie müssen Sie die Bücher auszeichnen, damit Sie der Preisangabenverordnung entsprechen?

Mittels eines Preisschilds oder entsprechender Beschriftung mit dem Endpreis inklusive Mehrwertsteuer.

Was ist für die (EDV-gestützte) Warenwirtschaft bei der Preisauszeichnung zu beachten?

Die Warengruppe ist aufzunehmen, um entsprechende Umsatzauswertungen zu ermöglichen, und das Bezugsdatum, damit die Remission einfacher bearbeitet werden kann bzw. für die Zwecke der Inventur. Häufig sind auch Autor und Kurztitel sowie ISBN oder EAN auf dem Etikett und ein Strichcode zum Einlesen in das Kassensystem.

Welche weiteren Angaben finden Sie auf dem Preisetikett, wenn das Barsortiment die Ware auszeichnet?

Neben den bereits genannten Daten finden Sie auf dem Etikett auch statt oder zusätzlich zur ISBN die Barsortimentsnummer, Lieferscheinnummer und -datum sowie Ort und Namen der Buchhandlung.

Wie bezeichnet man die Kalkulation, die bei preisgebundener Ware eingesetzt wird, und welches Prinzip ist damit gemeint?

Man spricht von einer Differenzkalkulation. Der betriebliche Rohgewinn ergibt sich dabei aus der Differenz zwischen gebundenem Verkaufspreis und erzieltem Einstandspreis, der ja letztlich auch vom Lieferanten vorgegeben wird.

Wie sieht das Kalkulationsschema bei der Kalkulation nicht preisgebundener Ware aus (= freie Kalkulation)?

Das volle Kalkulationsschema der Vorwärtskalkulation sieht wie folgt aus:

Listeneinkaufspreis netto
– Liefererrabatt
= Zieleinkaufspreis netto
– Liefererskonto
= Bareinkaufspreis netto
+ Bezugskosten
= Bezugspreis (Einstandspreis) netto
+ Handlungskosten (Geschäftskosten)
= Selbstkostenpreis netto
+ Gewinnaufschlag
= Barverkaufspreis netto
+ Kundenskonto
= Zielverkaufspreis netto
+ Kundenrabatt
= Nettoverkaufspreis (Listenverkaufspreis netto)

+ Umsatzsteuer
= Bruttoverkaufspreis

Häufig begnügt man sich im Buchhandel mit einer vereinfachten Version, die beim Einstandspreis, den man erzielt hat, einsetzt, und auf Kundenskonto und -rabatt verzichtet, da diese beim Einzelverkauf im Laden unüblich sind:

Einstandspreis (Bezugspreis) netto
+ Handlungskosten
= Selbstkostenpreis netto
+ Gewinnaufschlag
= Nettoverkaufspreis
+ Umsatzsteuer
= Bruttoverkaufspreis

Was versteht man unter
a) kostenorientierter Preisbildung?
b) nachfrageorientierter Preisbildung?
c) konkurrenzorientierter Preisbildung?

a) Bei einer *kostenorientierten Preisbildung* wird allein aufgrund der Kostensituation der Verkaufspreis festgelegt.

b) Im Rahmen der *nachfrageorientierten Preisbildung* wird versucht den Preis zu ermitteln, zu dem der größtmögliche Gewinn erzielt werden kann. Man versucht also den optimalen Punkt auf der Preisabsatzfunktion zu finden.

c) Von *konkurrenzorientierter Preisbildung* muss man sprechen, wenn die Preisfestlegung sich daran ausrichtet, was die Konkurrenzprodukte kosten, denen gegenüber man sich positionieren muss, wobei das Preisimage eine wichtige Rolle spielt. Es wird also nicht unbedingt ein niedrigerer oder gleich hoher Verkaufspreis gewählt werden, vielmehr könnte ganz bewusst ein höherer Preis gewählt werden, um zu signalisieren, es kostet zwar mehr, aber dafür bietet es auch mehr.

Wie vereinfacht man mit dem Kalkulationsaufschlag?

Man ermittelt den prozentualen Aufschlag, der der Differenz zwischen dem Bruttoverkaufspreis und dem Nettoeinstandspreis entspricht. Ausgehend vom Nettoeinstandspreis als Grundwert wendet man dann die Prozentrechnung auf hundert an, z.B. Nettoeinstandspreis 10,00 € und Bruttoverkaufspreis 15,90 € ergibt einen Kalkulationszuschlag von 59%.

Wie funktioniert die Kalkulation mithilfe des Kalkulationsfaktors?

Noch einfacher geht es mit dem Kalkulationsfaktor. Es wird der Faktor ermittelt, mit dem man den Nettoeinstandspreis multiplizieren muss, um den Bruttoverkaufspreis zu erhalten. Auf der Basis des oben genannten Beispiels würde der Kalkulationsfaktor 1,59 lauten.

$$\text{Kalkulationsfaktor} = \frac{\text{Bruttoverkaufspreis}}{\text{Nettoeinstandspreis}}$$

Was versteht man unter der Handelsspanne?

Die Handelsspanne drückt die Differenz zwischen dem Nettoumsatz und dem Wareneinsatz in Prozent vom Nettoumsatz aus. Anders formuliert ist die Handelsspanne der Warenrohgewinn in Prozent vom Nettoumsatz:

$$\text{Handelsspanne} = \frac{\text{Warenrohgewinn x 100}}{\text{Nettoumsatz}}$$

Wie ist die Lagerumschlagsgeschwindigkeit definiert und welche Aussagen sind auf ihrer Grundlage möglich?

Die Lagerumschlagsgeschwindigkeit gibt an, wie oft der durchschnittliche Lagerbestand innerhalb eines Jahres verkauft wurde.

$$\text{LUG} = \frac{\text{Umsatz in Nettoverkaufspreisen}}{\text{durchschnittlicher Lagerbestand in Nettoverkaufspreisen}}$$

Die Größen im Zähler und Nenner der Formel müssen vergleichbar sein (brutto/brutto bzw. netto/netto und Verkaufspreise/Verkaufspreise bzw. Einstandspreise/Einstandspreise). Man kann aufgrund einer Plan-LUG auch den Planlagerbestand oder den Planumsatz ermitteln.

Warum ist die bereinigte Lagerumschlagsgeschwindigkeit aussagekräftiger?

Bei der bereinigten LUG wird vom Umsatz das so genannte Durchlaufgeschäft (Besorgungen, Abonnements) abgezogen, da diese Waren ja nicht zum Lagerbestand der Buchhandlung zählten, sondern nur durch die Buchhandlung liefen. Aufgrund dieses Werts kann besser beurteilt werden, wie gut sich die auf Lager befindlichen Waren verkauft haben. Daher wird die bereinigte LUG teilweise auch als „echte“ LUG bezeichnet.

Wie bestimmt man die Umsatzrentabilität?

$$\frac{\text{Gewinn x 100}}{\text{Umsatz}}$$

Wie ist die Warenlagerrentabilität definiert und welchen Aussagegehalt hat sie?

Kalkulationszuschlag in Prozent x LUG. Erst durch die Kombination der beiden Kennzahlen kann man erkennen, wie rentabel die einzelnen Artikel wirklich sind. So kann ein Titel mit einem hohen Kalkulationszuschlag dennoch vergleichsweise unrentabel sein, wenn er nur eine geringe LUG hat. Umgekehrt ist eine hohe LUG zwar erstrebenswert, sofern der Kalkulationszuschlag jedoch niedrig ist, kann auch ein so genannter „Schnelldreher" wenig rentabel sein. Über die Warenlagerrentabilität lassen sich also Artikel gut vergleichen; der Wert kann für sortimentspolitische Entscheidungen daher mit herangezogen werden.

Wie berechnet man die Wirtschaftlichkeit im Buchhandel?

Zur Berechnung der Wirtschaftlichkeit setzt man Ertrag und Aufwand zueinander ins Verhältnis. Im Buchhandel nimmt man folgende Formel:

$$\frac{\text{Umsatzerlöse}}{\text{Selbstkosten}}$$

Der Wert sollte größer als 1 sein, da nur dann die Verkaufserlöse über den Selbstkosten liegen.

Wie ist der Eigentumsvorbehalt in der Verkehrsordnung geregelt?

Die Verkehrsordnung sieht generell einen Eigentumsvorbehalt bis zur vollständigen Bezahlung vor. Daher muss in Kaufverträgen zwischen Mitgliedern der Buchhandelsbranche nicht ausdrücklich noch eine entsprechende Klausel enthalten sein, der Eigentumsvorbehalt tritt trotzdem in Kraft.

Wie setzt sich ein Loseblattwerk zusammen?

Aus dem Grundwerk in einem Ordner und den aus einzelnen Blättern bestehenden Ergänzungslieferungen zur Aktualisierung und Ergänzung des Grundwerks.

Wann spricht man von einer Reihe?

Bei einem übergeordneten Reihentitel für eine fortlaufend konzipierte Einheit mit optischem Wiedererkennungseffekt (Format, typische Ausstattung/Aufmachung) und inhaltlichem Zusammenhang (thematischer Schwerpunkt, z.B. „Junge Literatur" oder gleicher Buchtypus, z.B. Reiseführer für bestimmte Zielgruppe). Reihen sind vor allem im wissenschaftlichen und Fachbuchbereich, bei Taschenbüchern sowie auch bei Sachbüchern und Ratgebern anzutreffen.

Buchhandelskunde

Welche Aufgaben hat der Börsenverein?

Der Börsenverein soll

- die Interessen der Mitglieder (gegenüber Öffentlichkeit, Legislative, Exekutive, Parteien, Verbänden und anderen Organisationen) vertreten;
- Institutionen zur Erleichterung des Geschäftsverkehrs schaffen und erhalten;
- die buchhändlerischen Handelsbräuche ermitteln und pflegen sowie Regeln für das Verhalten im Wettbewerb festlegen;
- die Preisbindung sichern;
- Mitglieder in branchenspezifischen Fragen (auch juristisch) beraten;
- Interessenausgleich zwischen Mitgliedern, Mitgliedergruppen und Landesverbänden schaffen;
- Aus- und Fortbildung fördern;
- soziale Einrichtungen für Buchhandelsangehörige fördern;
- Beziehungen zu ähnlichen Organisationen (national und international) aufnehmen und pflegen.

Wie entstand der Gesamtverein?

Zum 1.1.2003 fusionierten der frühere Börsenverein und die bis dahin separaten Landesverbände zum Gesamtverein, der sich wiederum Börsenverein des Deutschen Buchhandels e.V. nennt. Die Landesverbände sind nun regionale Organisationen des Gesamtvereins mit eigener Rechtspersönlichkeit. Es besteht nur noch eine gemeinsame Mitgliedschaft, die Mitglieder des Börsenvereins gehören automatisch dem für ihren Unternehmenssitz zuständigen Landesverband an.

Wer kann ordentliches Mitglied im Börsenverein werden?

Ordentliches Mitglied kann jedes buchhändlerische Unternehmen (Kriterien: gewerbsmäßig tätig, Unternehmenssitz in Deutschland, tätig auf dem Gebiet des herstellenden, verbreitenden oder Zwischenbuchhandels bzw. auch selbstständige Verlagsvertretungen) werden. Andere Unternehmen, die diesen Kriterien nicht genügen, aber gewerbsmäßig buchhändlerisch tätig sind, können auf Beschluss des Länderrats aufgenommen werden.

Welche Pflichten haben die Mitglieder des Börsenvereins?

Zahlung der Mitgliedsbeiträge; Einhaltung der Satzung, Beachtung der Wettbewerbsregeln, angemessenes Geschäftsgebaren; Einhaltung der Preisbindung; keine Anfertigung bzw. kein Vertrieb von unerlaubten Nachdrucken oder Kopien von Gegenständen des Buchhandels; gründliche Ausbildung der Auszubildenden (Berücksichtigung des Angebots der Schulen des Deutschen Buchhandels); Wahrung der Geheimhaltung bei vertraulichen Mitteilungen aus dem Börsenverein bzw. den Landesverbänden auch über die Dauer der Mitgliedschaft hinaus; sofortige Anzeige aller für die Mitgliedschaft wichtigen Veränderungen an die Geschäftsstelle des Börsenvereins.

Welche Fachgruppen unterscheidet der Börsenverein?

Es gibt den herstellenden Buchhandel, den Zwischenbuchhandel und den verbreitenden Buchhandel.

Wer gehört der Hauptversammlung des Börsenvereins an und wie oft tagt sie?

Die Hauptversammlung ist die Versammlung aller Mitglieder des Börsenvereins, sie tagt einmal jährlich.

Wann kann eine außerordentliche Hauptversammlung einberufen werden?

Wenn jeweils mindestens ein Drittel der Mitglieder der Abgeordnetenversammlung oder drei Viertel der Vorsitzenden der Landesverbände oder 10% der Mitglieder des Börsenvereins es beantragen oder der Vorstand es beschließt.

Welche Funktion hat die Abgeordnetenversammlung und wie oft tritt sie zusammen?

Die Abgeordnetenversammlung ist grundsätzlich das Willensbildungsorgan des Börsenvereins in allen Fällen, in denen nicht ausdrücklich Länderrat oder Hauptversammlung die Willensbildung obliegt. Sie tritt mindestens einmal jährlich zusammen, kann aber vom Vorsitzenden auch häufiger einberufen werden. Sobald ein Drittel ihrer Mitglieder es wünscht oder der Vorstand es verlangt, muss sie einberufen werden.

Wem steht welches Recht zu?

a) Beschlussfassung über die Beiträge	a) Hauptversammlung
b) Genehmigung des Jahresabschlusses	b) Abgeordnetenversammlung
c) Beschlüsse zur Satzung	c) Hauptversammlung
d) Entlastung des Vorstands	d) Abgeordnetenversammlung
e) Entgegennahme des Jahresabschlusses	e) Hauptversammlung
f) Beschlüsse zur Haushaltsordnung	f) Abgeordnetenversammlung
g) Entscheidung über die Auflösung des Vereins	g) Abgeordnetenversammlung
h) Wahl des Stiftungsrats der Stiftung Friedenspreis des Deutschen Buchhandels	h) Hauptversammlung Abgeordnetenversammlung

Wie setzt sich die Abgeordnetenversammlung zusammen?

Mitglieder der Abgeordnetenversammlung sind bis auf die jeweiligen Vorsitzenden die direkt gewählten Mitglieder der Fachausschüsse (d.h. jeweils zehn Verleger und Sortimenter sowie vier bis sechs Mitglieder des Ausschusses für den Zwischenbuchhandel), der Vorsitzende der Arbeitsgemeinschaft der Verlagsvertretungen (oder sein Stellvertreter), die Vorsitzenden der Landesverbände (oder ihre Stellvertreter) – sofern sie nicht ohnehin bereits der Abgeordnetenversammlung angehören und bis zu sechs von der Abgeordnetenversammlung selbst hinzugewählte Abgeordnete (ein möglichst ausgeglichenes Verhältnis zwischen Sortimentern und Verlegern soll berücksichtigt werden).

Welche Unternehmen gehören zum herstellenden Buchhandel?

Verlage und Unternehmen, die Gegenstände des Buchhandels herstellen.

Welche Unternehmen gehören zum Zwischenbuchhandel?

Alle Unternehmen, die zwischen Herstellendem und Verbreitendem Buchhandel vermitteln. Es werden vom Börsenverein zwei Gruppen von Zwischenbuchhändlern unterschieden:

- Buchgroßhandlungen, also Barsortimente, Im- und Exporteure; Großantiquariate und Pressegrossisten sowie
- Kommissionäre, also Verlagsauslieferungen (Verlegerkommissionäre – soweit sie nach dem Mandantenprinzip arbeiten) einerseits und Bücherwagendienste, Bestellanstalten (Sortimenterkommissionäre) andererseits.

Welche Unternehmen gehören zum verbreitenden Buchhandel?

Zum verbreitenden Buchhandel gehören der Bucheinzelhandel, Antiquariate, der Werbende Buch- und Zeitschriftenhandel sowie Unternehmen von Buch- und Grafikversteigerern.

Welche Gegenstände des Buchhandels gibt es?

Als Gegenstände des Buchhandels bezeichnet man alle Erzeugnisse der Literatur, Tonkunst, Kunst, Fotografie und Kartographie, die mittels eines grafischen, phonographischen, fotografischen, fotomechanischen, optischen, magnetischen, digitalisierten oder vergleichbaren Verfahrens (mit bestehender oder neuer Technologie) vervielfältigt wurden.

Welche Funktion haben die Fachgruppenversammlungen?

Die Fachgruppenversammlungen wählen die Mitglieder der Fachausschüsse.

Welche Fachausschüsse gibt es und welche Aufgaben haben sie?

Es gibt den Verleger-Ausschuss, den Sortimenter-Ausschuss und den Ausschuss für den Zwischenbuchhandel. Sie beraten den Vorstand und vertreten die jeweiligen Fachinteressen nach innen und außen. Die Fachausschüsse können Anträge an den Vorstand, die Abgeordneten- und die Hauptversammlung richten. Sie müssen laufend an den Vorstand des Börsenvereins berichten.

Welchem Zweck dient der Länderrat?

Der Länderrat ist zuständig für die Willensbildung in allen Fragen, die das Verhältnis von Börsenverein und Landesverbänden betreffen. Außerdem wirken die Landesverbände über den Länderrat an der Erfüllung der organisatorischen, wirtschaftlichen und Verwaltungsaufgaben des Börsenvereins mit.

Wer gehört dem Länderrat an?

Dem Länderrat gehören die Vorsitzenden der Landesverbände sowie der Vorstand des Börsenvereins an.

Wie setzt sich der Vorstand des Börsenvereins zusammen?

Der Vorstand des Börsenvereins besteht aus dem Vorsteher und ein oder zwei Stellvertretern, dem Schatzmeister, dem Schriftführer und dem Vorsitzenden der Fachausschüsse. Je nachdem, wie viele Stellvertreter gewählt wurden, hat der Börsenverein also sieben oder acht Vorstandsmitglieder. Im Sinne des BGB sind allerdings allein der Vorsteher und sein(e) Stellvertreter als Vorstände vertretungsberechtigt.

Welche Aufgaben hat der Vorstand?

Der Vorstand leitet den Börsenverein und hat die Beschlüsse der Hauptversammlung, des Länderrats sowie der Abgeordnetenversammlung durchzuführen.

Wer wählt den Vorstand?

Der Vorstand wird von der Hauptversammlung gewählt.

Für welche Dauer werden die Mitglieder der Abgeordnetenversammlung, der Fachgruppenausschüsse und des Vorstands gewählt?

Sämtliche zu wählende Organe werden für die Dauer von drei Jahren gewählt.

Wer leitet die Geschäfte des Börsenvereins?

Die Geschäfte werden von der aus dem Hauptgeschäftsführer, dem Justiziar und den Geschäftsführern von Sortimenter- und Verleger-Ausschuss bestehenden Geschäftsleitung geleitet. Sie folgen den Weisungen des Vorstands.

Welche Funktion haben die Arbeitsgemeinschaften, welche die Arbeitskreise?

Arbeitsgemeinschaften nehmen die Interessen von Mitgliedergruppierungen innerhalb eines Fachausschusses wahr. Arbeitskreise hingegen vertreten fachgruppenübergreifend die Interessen ihrer Mitglieder.

Welche Funktion hat die Börsenverein des Deutschen Buchhandels Beteiligungsgesellschaft mbH?

Sie ist die Dachholding der Wirtschaftsunternehmen des Gesamtvereins: Ausstellungs- und Messe GmbH (AuM), Buchhandels-Service-Gesellschaft mbH (BSG) und Marketing- und Verlagsservice des Deutschen Buchhandels GmbH (MVB – vormals Buchhändler-vereinigung).

Welche Leistungen bietet die Buchhandels-Service-Gesellschaft mbH (BSG)?

Über Rahmenverträge können die Mitglieder des Börsenvereins viele Güter (z.B. Autos, Registrierkassen etc.) und Dienstleistungen (Versicherungen, Telefonleistungen etc.) für ihr Unternehmen stark vergünstigt beziehen.

Welche Aufgaben hat die Marketing- und Verlagsservice des Deutschen Buchhandels GmbH (MVB)?

Die MVB ist zum einen der verlegerische Arm des Börsenvereins, in dem wichtige Branchenpublikationen erscheinen, zum anderen vertreibt sie buchhändlerische Werbemittel und unterhält den WAS Werbe-Anschriften-Service, über den für das Direktmarketing Adresskollektionen von Buchhandlungen, Verlagen und Bibliotheken bezogen werden können.

Was ist die Buchhändler-Abrechnungs-Gesellschaft mbH (BAG)?

Die Buchhändler-Abrechnungs-Gesellschaft mbH fungiert als zentrale Verrechnungsstelle zwischen Verlagen und Buchhandlungen, ihr Ziel ist eine bessere Wirtschaftlichkeit in der Branche.

Welche Voraussetzung muss eine Buchhandlung erfüllen, damit sie am BAG-Verfahren teilnehmen kann?

Die Buchhandlung muss Mitglied im Verein für Buchhändlerischen Abrechnungsverkehr e.V. werden.

Welche Vorteile bietet die Teilnahme am BAG-Verfahren?

Bündelung der Posten (geringere Kosten für den Zahlungsverkehr, einfachere Buchhaltung – durch die Finanzverwaltung anerkanntes Sammelabrechnungssystem), aufgrund der Tatsache, dass es nur zwei Abrechnungstermine pro Monat gibt (jeweils 2. und 17.); für den Sortimenter ist eine Verschiebung des Zahlungsziels um bis zu 15 Tagen möglich. Auf der anderen Seite haben die Verlage die Sicherheit, dass die Zahlung zum festen Termin erfolgt, da die BAG auf jeden Fall zunächst leistet, unabhängig davon, ob die Zahlung der Buchhandlung tatsächlich pünktlich eingeht.

Wozu dient der BAG-Rücklastzettel?

Der BAG-Rücklastzettel wird vom Sortimenter eingereicht und dem Verlag belastet. Auf diese Weise kann der Sortimenter Rechnungen, die er nicht anerkennt, die sachlich oder rechnerisch nicht richtig sind, bei vorenthaltenem Skontoabzug oder wenn bereits gezahlt wurde, zurückgeben. Auch für die Abrechnung der Remittenden kann der Rücklastzettel verwendet werden, es muss dann eventuell vorher die Bestätigung des Verlags eingeholt werden.

Welche Bedeutung hat die Klausel „BAG bis ... €"?

Es dürfen nur Rechnungen bis zu dem genannten Betrag über das BAG-Verfahren eingezogen werden. Dadurch soll vermieden werden, dass die Lastschrift aus der Sammelabrechnung eine solche Summe erreicht, dass das Bankkonto nicht genügend Deckung aufweist und daher keine Einlösung erfolgt.

Wann wird eine Buchhandlung von der Teilnahme am BAG-Verfahren ausgeschlossen?

Wenn von einem Sortimenter drei Abrechnungen nicht beglichen wurden, kann er nicht mehr am BAG-Verfahren teilnehmen. Das Gleiche gilt, wenn er seine Kreditunwürdigkeit kundgetan hat, z.B. durch eine eidesstattliche Versicherung, ungedeckte Schecks, Wechselprotest oder Nichteinlösung von Lastschriften mangels Deckung.

Welche Leistungen erbringt die BKG und was bedeutet die Abkürzung?

Die Buchhändlerische Kredit-Garantiegemeinschaft GmbH & Co. KG vermittelt und verbürgt zinsgünstige kurzfristige Überbrückungskredite, die im Zusammenhang mit dem BAG-Verfahren stehen. Also für die Sortimenter, damit sie ihre Verpflichtungen erfüllen können, und für die Verleger als Vorfinanzierung der demnächst fälligen Forderungen.

Wofür steht die Abkürzung und was macht IBU?

Die IBU Informationsverbund Buchhandel GmbH leistet vor allem Bestellclearing und bietet auch noch andere Dienstleistungen rund um den Informationsaustausch in der Branche.

Was versteht man unter Klartextmitteilungen?

Klartextmitteilungen sind im Gegensatz zu den Bestelldaten keine formatierten Datensätze, sondern werden frei eingegeben und über IBU übermittelt.

Welche Funktion haben die Verkehrsnummern?

Die Verkehrsnummern sind ein Rationalisierungsinstrument, sie identifizieren Kunden und Lieferanten im buchhändlerischen Verkehr eindeutig. Die Verkehrsnummer ist notwendig für die Teilnahme am BAG-Verfahren, sie dient als Adresse bei der IBU und als Identifikation im elektronischen Bestellverkehr.

Wie sind die Verkehrsnummern aufgebaut?

Die Verkehrsnummer ist fünfstellig und wird an die Mitglieder des Börsenvereins vergeben. Kreditoren (= Lieferanten; Verlage, Zwischenbuchhandel) haben Nummern, die mit 1 beginnen, Debitoren (= Kunden; Buchhandlungen sowie Verlag und Zwischenbuchhandel für den Verkehr untereinander) Nummern von 20000 bis 59999. Die Nummernkreise ab 6... sind an sich frei und werden daher von den Verlagen für den Verkehr mit Kunden verwendet, die keine Verkehrsnummer haben.

Was ist die internationale Entsprechung zur Verkehrsnummer?

Die Internationale Lokationsnummer (ILN).

Welche Bedeutung haben die Buchmessen?

Die Buchmessen dienen der Information von Buchhändlern und Publikum; der Öffentlichkeitsarbeit für die Branche; dem günstigen Einkauf für die Buchhändler. Bei der Frankfurter Buchmesse kommt noch ein reges internationales Lizenzgeschäft hinzu. Das

Rahmenprogramm der Leipziger Buchmesse „Leipzig liest“ leistet dafür einen immensen Beitrag zur Leseförderung.

Welches sind die beiden massenwirksamsten Aktivitäten zur Leseförderung, die der Börsenverein unterhält?

Den Welttag des Buches am 23. April und den Vorlesewettbewerb für die Schüler der sechsten Jahrgangsstufe.

Seit wann und wo wird der Friedenspreis des Deutschen Buchhandels verliehen?

Der Friedenspreis des Deutschen Buchhandels wird seit 1950 alljährlich zur Buchmessezeit in der Frankfurter Paulskirche verliehen.

Wofür wird der Friedenspreis verliehen?

Für Beiträge auf den Gebieten Literatur, Wissenschaft und Kunst, die den Frieden, die Menschlichkeit und die Völkerverständigung betreffen.

Wer kann den Friedenspreis erhalten?

Natürliche Personen zu Lebzeiten, aber auch posthum sowie Institutionen oder Organisationen.

Wer vergibt seit wann den Deutschen Bücherpreis und in welchem Rahmen erfolgt die Verleihung?

Der Börsenverein des Deutschen Buchhandels vergibt seit 2002 den Deutschen Bücherpreis. Die Verleihung erfolgt zur Leipziger Buchmesse.

In welchen Kategorien wird der Deutsche Bücherpreis vergeben?

Es gibt die Kategorien Lebenswerk, Deutsche Belletristik, Internationale Belletristik, Zeitgeschichte/Biografie, Sachbuch, Ratgeber, Kinderbuch, Debüt und einen Publikumspreis.

Wer vergibt den Alfred-Kerr-Preis und wofür?

Das Börsenblatt des Deutschen Buchhandels verleiht diesen Preis für Literaturkritik.

Welche weiteren wichtigen deutschen Literaturpreise gibt es?

Büchnerpreis, Corine, Deutscher Jugendliteraturpreis, Leipziger Buchpreis zur Europäischen Verständigung u.v.a.m.

Welche buchhändlerische Weiterbildung mit IHK-Abschlussprüfung ist möglich?

Die Fachschulqualifizierung zum Buchhandelsfachwirt an den Schulen des Deutschen Buchhandels in Frankfurt am Main.

3 Literatur

Dieser Bereich soll einen Überblick über grundlegende Fragen der Poetik und der Literaturgeschichte geben. Der Verfasser orientierte sich dabei am Rahmenlehrplan und an den Fragen der schriftlichen Prüfung, wie sie in den so genannten AKA-Ländern (Bayern, Brandenburg, Hessen, Niedersachsen, Mecklenburg-Vorpommern, Rheinland-Pfalz, Saarland, Sachsen, Sachsen-Anhalt, Thüringen) einheitlich gestellt werden. Hierzu noch ein Rat. Bei den schriftlichen Prüfungen wird häufig ein epochentypischer Text (z.B. ein Gedicht oder ein Romanauszug) vorangestellt. Anhand dieses Textes müssen Fragen zur Epoche etc. beantwortet werden. Aus urheberrechtlichen und platztechnischen Gründen ist es in diesem Buch nicht möglich, die entsprechenden Texte abzudrucken. Deswegen wurde hier nur am Beispiel von Goethes „Prometheus" versucht, diesen typischen Stil darzustellen. Es wird jedoch unbedingt empfohlen, mithilfe exemplarischer Texte diesen Prüfungsstil zu üben. Die folgenden Fragen sind natürlich ebenso zur Vorbereitung auf die mündliche Prüfung und für die restlichen Bundesländer geeignet.

Zuletzt noch ein Hinweis. Bitte beachten Sie, dass die Stoffkataloge für die Abschlussprüfung der IHK nicht automatisch mit dem Rahmenlehrplan übereinstimmen. So beginnt der Prüfungsstoff in den AKA-Ländern erst mit der Literaturepoche „Aufklärung".

Definieren Sie den Begriff Poetik.

Poetik (griech.) = die Lehre vom Wesen, von den Formen und Gattungen der Dichtung.

Erläutern Sie kurz den Begriff Literatur.

Litteratura (lat.) = Buchstabenschrift. Schrifttum, d.h. alles Aufgeschriebene bzw. Gedruckte, also auch Fachliteratur. Im engeren Sinne die schöngeistige Literatur.

Erläutern Sie kurz den Begriff Literaturgeschichte.

Die Einordnung der Einzelwerke und der Dichter in größere Zusammenhänge, Epochen, Richtungen und Bewegungen.

Wie heißen die drei literarischen Gattungen?

Lyrik, Epik, Dramatik.

Was ist Lyrik?	Die kompositorisch, rhythmisch und klanglich durch das dichterische Bild gesteigerte Sprache nennt man Lyrik.
Was ist Epik?	Erzählende Dichtung im weitesten Sinne. Das Epische ist gekennzeichnet durch Distanz, Zuhörerschaft, Gedanken, ausführliche Darstellung, epische Wiederholung u.Ä.
Was ist Dramatik?	Griech. = Handlung. Bühnendichtung. Eine der Gattungen der Dichtung, die im Gegensatz zum subjektiven Einzelerlebnis der Lyrik und zur breiten Stofffülle vergangenen Geschehens in der Epik eine knappe und geschlossene Handlung unmittelbar auf der Bühne zur Anschauung bringt.
Nennen Sie drei Lyrikgattungen aus folgenden Formbereichen:	
Antike Formen	Ode, Elegie, Hymne.
Romanische Formen	Sonett, Kanzone (ital. Lied), Madrigal (ital. Schäfergedicht)
Germanisch/deutsche Formen	Gesang, Heldenlied, Kunstlied.
Was ist eine Ode?	Ein weihevolles, feierliches Gedicht, zumeist reimlos (z.B. Klopstock: *Züricher See*, Hölderlin: *Heidelberg*).
Was ist eine Elegie?	Ein Klagegesang um ein unerreichbares oder verlorenes Gut (z.B. Goethe: *Marienbader Elegie*, Rilke: *Duineser Elegien*, Brecht: *Buckower Elegien*).
Was ist eine Hymne?	Ein Preislied auf einen erhabenen Gegenstand oder eine Person, inhaltlich einer Ode ähnlich.
Was ist ein Sonett?	Eine strenge Form der Lyrik (ital. = sonetto), bestehend aus 14 meist fünffüßigen steigenden (jambischen) Versen, die in zwei vierzeilige Strophen (Quartette) und zwei dreizeilige (Terzette) eingeteilt sind (z.B. Petrarca, Michelangelo, Shakespeare, Rilke).

Erläutern Sie den literarischen Begriff Ballade.	Ursprünglich ein in den romanischen Ländern von Tanzenden gesungenes Lied. In Deutschland ab dem 18. Jh. heimisch. Inhaltlich ein ungewöhnliches, oft handlungsreiches und meist tragisches Geschehen aus Sage und Geschichte, auch naturmagische Stoffe (z.B. Goethe: *Der Zauberlehrling*). Als „Erzähllied“ verbindet die Ballade Lyrik und Epik und wegen seiner (häufig vorkommenden) dramatischen Gestaltung eigentlich alle drei literarischen Gattungsformen.
Was ist Metrik?	Die Lehre von den Versmaßen.
Welche drei didaktischen Grundformen gibt es innerhalb der Poetik?	Gnomische Formen, parabolische Formen, satirische Formen.
Was gehört zu den gnomischen Formen?	Gnome (= Denksprüche): Sprichwort, Aphorismus, Maxime, Rätsel, Epigramm u.a.
Was gehört zu den parabolischen Formen?	Fabel, Gleichnis, Parabel.
Was gehört zu den satirischen Formen?	Witz, Parodie, Travestie.
Was ist ein Aphorismus?	Ein kurzer, prägnant formulierter Gedanke, meist philosophischer Art. „Ein Aphorismus ist das letzte Glied einer langen Kette von Gedanken.“ (Marie von Ebner-Eschenbach)
Nennen Sie einige Aphoristiker der Weltliteratur.	Michel E. de Montaigne (1533–1592), Baltasar Gracian (1601–1658), François de La Rochefoucauld (1613–1680), Georg Christoph Lichtenberg (1742–1799), Arthur Schopenhauer (1788–1860), Friedrich Nietzsche (1844–1900), Stanislaw J. Lec (1909–1966).
Was ist eine Fabel?	Die Fabel ist eine lehrhafte Erzählung, die ihre Einsichten der praktischen Lebensweisheit des Volkes entnimmt und dies durch Beispiele, zumeist aus der Tierwelt, vermittelt.

Nennen Sie einige Fabeldichter.

Äsop (6. Jh. v. Chr.), Jean de La Fontaine (1621–1695), Christian Fürchtegott Gellert (1715 bis 1769), Gotthold Ephraim Lessing (1729–1781).

Nennen Sie einige Literaturformen innerhalb der Großepik.

Epos, Volksbuch, Roman (Zwischenstellung: Novelle).

Kleinepik.

Märchen, Sage, Legende, Anekdote, Erzählung, Kurzgeschichte (Short Story)

Was ist eine Sage?

Im Gegensatz zum Märchen spiegelt die Volkssage naives, unkritisches Wissen des Volkes wider. Das „Sagen" von merkwürdigen wirklichen Begebenheiten, die aus dem Alltäglichen herausragen. Die Sage will packen, erschüttern, den Hörer in Erstaunen versetzen und zum Nachsinnen bewegen.

Nennen Sie einige Unterformen der Dramatik.

Tragödie, Komödie, Tragikomödie, Posse, Schwank, Lustspiel, Schauspiel u.a.

Was ist ein Fragment?

Fragmentum (lat.) = Bruchstück, nicht vollständiges Werk.

Nennen Sie Beispiele für literarische Fragmente.

Friedrich Hölderlin: *Tod des Empedokles*, Johann von Kleist: *Robert Guiskard*, Novalis: *Heinrich von Ofterdingen*, Franz Kafka: *Das Schloss*, Robert Musil: *Der Mann ohne Eigenschaften* u.a.

In welche große Abschnitte lässt sich die Geschichte der deutschen Literatur unterteilen?

Althochdeutsche Literatur (400–1050)
Mittelhochdeutsche Literatur (1050–1250)
Bürgerliche Dichtung des späten Mittelalters (1250–1450)
Humanismus und Reformation (1450–1600)
Barock (1600–1720)
Aufklärung und Vorklassik (1720–1785)
Klassik (1786–1805 engere Klassik)
Romantik (1795–1835)
Vormärz und Biedermeier (1815–1848)
Realismus (1850–1895)
Naturalismus (1880–1900)

Impressionismus (1880–1910)
Symbolismus (1890–1925)
Expressionismus (1910–1925)
Literatur der Weimarer Republik (1919–1933)
Exilliteratur und Literatur der Inneren Emigration (1933–1945)
Nachkriegsliteratur bzw. Gegenwartsliteratur (nach 1945)

Welchen Zeitraum umfasst die althochdeutsche Literatur?

Bruchstücke althochdeutscher Literatur sind bereits aus Runenschriften des 5. und 6. Jhs. bekannt. Den Höhepunkt und das Ende dieser Epoche bedeutet das Werk Notkers III., eines Mönchs aus St. Gallen. Die althochdeutsche Literatur umfasst etwa die Zeit von 400–1050. Beispiele: *Merseburger Zaubersprüche*, *Hildebrandslied*.

Welches gilt als das älteste Denkmal der germanischen Literatur?

Die Bibelübersetzung des westgotischen Bischofs Wulfila, etwa um 350.

Wo wurde die Literatur besonders gepflegt?

In den Klöstern. Hier wurden nicht nur lateinische Schriften gesammelt und übersetzt, sondern z.T. auch kunstreiche Abschriften mit Miniaturen (mittelalterliche Buchillustrationen) angefertigt.

Gab es auch eine lateinische Dichtung innerhalb der althochdeutschen Literaturperiode?

Ja. Hierzu gehören das in Hexametern abgefasste *Waltharilied* sowie der *Ruodlieb* (der erste Ansatz zu einem Ritterroman) um 1030.

Ist auch ein deutscher Dichter aus der althochdeutschen Zeit bekannt?

Eine Nonne, Hrotsvith (Roswitha) von Gandersheim (10. Jh.). In lateinischen Versen verherrlichte sie die Taten Ottos I.

Was versteht man unter der „höfischen Dichtung"?

Als höfische Dichtung bezeichnet man die Literatur des 12.–13. Jhs., die an den Höfen der Fürsten entstand und den Idealen der Gesellschaft am Hof entsprach. Hauptthemen: ritterliche Tugenden.

Nennen Sie einige mittelhochdeutsche Epen und deren Verfasser.	Hartmann von der Aue: *Der Arme Heinrich* (1199), Wolfram von Eschenbach: *Parzival* (1180/90), Gottfried von Straßburg: *Tristan* (1211/15), Nibelungenlied (Verfasser unbekannt, Ende 12. Jh.).
Welcher Dichter gilt als der bedeutendste der höfischen Literatur?	Wolfram von Eschenbach, um 1170 in Eschenbach (Mittelfranken) geboren und 1220 gestorben. Er schrieb die Versepen *Willehalm*, *Parzival* und *Titurel.*
Woher stammt der Minnesang?	Von den französischen Troubadouren (fahrende Sänger).
Welcher deutsche Dichter führte den Minnesang zu seinem Höhepunkt?	Walther von der Vogelweide (um 1200). Bei ihm finden sich Geistiges und Sinnliches, Seele und Leib zu einer Einheit zusammen.
Was ist die Manessische Liederhandschrift?	Bekannt als „große" Heidelberger Liederhandschrift aus dem 14. Jh. Sie wird nach dem Züricher Sammler Manesse genannt. Sie enthält die Lieder von 140 Dichtern des Minnesangs und ist mit 137 ganzseitigen Miniaturen geschmückt.
Wodurch wurde der Minnesang abgelöst?	Durch die Spruch- bzw. Lehrdichtung und den Meistersang. Damit wurde auch das Bürgertum Träger und Gestalter deutscher Dichtung.
Was ist charakteristisch für die Spruch- und Lehrdichtung?	Die vorwiegend einstrophigen Gedichte behandeln religiöse, ethische und politische Fragen in oft sehr didaktischer Weise.
Worin liegt die Bedeutung Wernhers des Gärtners?	In seiner in kurzen Reimpaaren geschriebenen Dorfgeschichte Meier Helmbrecht. Es ist ein bezeichnendes Dokument des Verfalls des Rittertums und der Sittengeschichte der damaligen Zeit.
Woher rührt die Bezeichnung „Meistersinger"?	Im 14. Jh. fanden sich Laien zu Singbruderschaften zusammen. Der Meistersänger musste nach einer strengen Regel Schüler, Singer und Dichter gewesen sein. Der einzige den Durchschnitt überragende Meistersinger war Hans Sachs.

Spielt die Mystik auch eine Rolle im geistigen Leben der mittelhochdeutschen Zeit?	Ja. Vor allem im 14. Jh., dem „Herbst des Mittelalters“ (Huizinga). Durch die historischen Gegebenheiten wurde die Entstehung der Mystik (als Ausdruck der Sehnsucht) außerordentlich begünstigt.
Wer sind die bedeutendsten deutschen Mystiker?	Meister Eckhart von Hochheim, Nikolaus von Cues, Jakob Böhme, Angelus Silesius, Johannes Tauler.
Worin sind im Mittelalter die Vorläufer des Schauspiels zu erkennen?	Es gibt eine unübersehbare Zahl von Oster-, Weihnachts-, Dreikönigs- und vor allem Passionsspielen, wozu nach 1500 zahlreiche Fastnachtspiele kamen.
Unterscheiden Sie die Begriffe	
Heldendichtung:	Vorchristliche Literatur, z.B. *Hildebrandslied*.
Ritterdichtung:	Höfische Dichtung, z.B. Minnedichtung, *Parzival* usw.
Geistliche Dichtung:	Von Mönchen verfasste christliche Literatur, z.B. *Heliand*, *Muspilli*.
Von wo aus nahm der Humanismus seinen Anfang?	Der Humanismus war zunächst eine Bewegung in Italien. Er begann um 1300 damit, dass man sich wieder den antiken Autoren, den „Klassikern“, zuwandte.
Wo liegen die Anfänge des Humanismus in Deutschland?	In Prag, in der Kanzlei Karl IV., wo Johann von Neumarkt den Stil der Italiener als Beispiel für eine einheitliche Verkehrssprache übernahm und damit humanistisches Gedankengut verbreitete.
Wer waren die führenden Vertreter des deutschen Humanismus?	Rudolf Agricola (1444–1485), Conrad von Celtis (1459–1508), Erasmus von Rotterdam (1466–1536), Ulrich von Hutten (1488–1523), Philipp Melanchthon (1497–1560), Johannes Reuchlin (1455–1522) u.a.
Welche Bedeutung hatte Luther für die deutsche Literatur?	Während seines erzwungenen Aufenthalts auf der Wartburg übersetzte Luther die Bibel aus dem Urtext neu (Das Neue Testament, 1522). Die Verbreitung seiner Bibelübersetzung trug zur Herausbildung einer gemeinsamen deutschen Hochsprache bei. Eine Erläuterung seiner Übersetzungsmaxime findet sich in seinem *Sendbrief vom Dolmetschen* (dem Volk „auf das Maul sehen“).

Hat sich Luther außerdem literarisch betätigt?	Von größter Bedeutung für die Reformation waren seine Schriften *An den christlichen Adel deutscher Nation*, *Von der Freiheit eines Christenmenschen*.
Was sind die „Volksbücher"?	Bei den Volksbüchern des 15. und 16. Jhs. handelt es sich meist um Umgestaltungen ritterlicher, geistlicher und spielmännischer Epen. Besonders beliebt waren die ritterlichen Liebesromane: *Melusine*, *Magelone*, *Griseldis*, *Genoveva*, *Tristan* u.a. Als deutsche Schöpfungen können die Bücher vom Eulenspiegel, den Schildbürgern sowie das Faustbuch (*Historia von D. Johann Fausten*) angesehen werden.
Welches sind die besonderen Merkmale des Barock?	Durch die geschichtlichen Ereignisse bedingt (Gegenreformation, Dreißigjähriger Krieg), war diese Epoche voller Spannungen und Gegensätze: Weltfreude und Weltflucht, Frömmigkeit und Sinnenlust, Gefühl und Verstand (memento mori, carpe diem).
Welche Bedeutung hatte Martin Opitz?	Martin Opitz (1597–1639) versuchte das Deutsche zu einer Literatursprache herauszubilden. Sein *Buch von der deutschen Poeterey* (1624) war die erste deutsche Poetik.
Welche Dichter des Barocks sind vor allem durch ihre geistliche Lyrik bekannt geworden?	Auf protestantischer Seite: Simon Dach (1605–1659), Paul Gerhardt (1607–1676) u.a. Auf katholischer Seite: Angelus Silesius (= Joh. Scheffler 1624–1677), Friedrich von Spee (1591 bis 1635) u.a.
Wer war Friedrich von Logau?	Ein Epigrammdichter (1604–1655), in dessen Sinnsprüchen sich humanistisches Gedankengut dokumentiert.
Welches ist der bedeutendste Roman des Barocks?	*Der abenteuerliche Simplicissimus Teutsch* (1668) von Grimmelshausen. Er ist das umfassendste kulturgeschichtliche Dokument für die Zeit des Dreißigjährigen Krieges.

Welche Höhepunkte (vergleichbar der deutschen „Weimarer Klassik“) anderer Nationalliteraturen gibt es?

Italien
Trecento (14. Jahrhundert)
Dante Alighieri (1265–1321)
Giovanni Boccacio (1313–1375)
Francesco Petrarca (1304–1374)
Spanien
Siglo de Oro („Goldenes Jahrhundert“ = 17. Jh.)
Miguel Cervantes de Saavedra (1547–1616)
Lope de Vega (1562–1635)
Calderon de la Barca (1600–1681)
England
Elisabethianische Klassik (Ende 16./Beginn 17. Jh.)
William Shakespeare (1564–1616)
Ben Jonson (1572–1637)
Christopher Marlowe (1564–1593)
Frankreich
Sieclè classique (17. Jh.)
Pierre Corneille (1606–1684)
Molière (1622–1673)
Jean Racine (1639–1699)

„Aufklärung ist der Ausgang des Menschen aus seiner selbst verschuldeten Unmündigkeit.“ (Immanuel Kant) Wie findet sich dieser Grundgedanke der Aufklärung in der Literatur dieser Zeit wieder?

Die Schriftsteller der Aufklärung hinterfragen tradierte Dogmen der vergangenen Jahrhunderte, z.B. in religiöser, politischer und literarischer Hinsicht, und versuchen ein auf Vernunft beruhendes Weltbild zu vermitteln.

Welche Beispiele können Sie hierzu nennen?

In seinem „dramatischen Gedicht“ *Nathan der Weise* bezweifelt Lessing die Vorrangstellung der christlichen Religion (Ringparabel). Er stellt den jüdischen und islamischen Glauben auf dieselbe Stufe und gibt damit ein Beispiel für religiöse Toleranz.
Mit seinen „bürgerlichen Trauerspielen“ *Miss Sara Sampson* und *Emilia Galotti* verwirft Lessing die bis dahin gepflegte Ständeklausel und weist auch Menschen von niedrigem Stande ein tragisches Schicksal und dessen Darstellung auf der Bühne zu.
Lessing verwirft in seinen literaturtheoretischen Schrif-

ten den u.a. von Gottsched vertretenen Vorbildcharakter der französischen Literatur und stellt den Deutschen die Stücke Shakespeares als nachahmenswert vor. In zahlreichen Fabeln, aber auch im Drama (*Emilia Galotti*) wird die feudale Gesellschaftsordnung angezweifelt und die Ungerechtigkeit der Herrschenden angeprangert.

Worauf ist der Begriff „Empfindsamkeit" zurückzuführen?

Lessing schlug vor, den Begriff „sentimental" aus Laurence Sternes *A sentimental journey through France and Italy* mit „empfindsam" zu übersetzen.

Woher rührt die Bezeichnung „Sturm und Drang"?

Von Friedrich Maximilian Klingers gleichnamigem Drama, dessen ursprünglicher Titel *Wirrwarr* den Inhalt recht gut wiedergibt.

Wie bezeichneten sich die Stürmer und Dränger selbst?

Als „Originalgenies".

Welche Literaturgattungen bevorzugten die Schriftsteller des Sturm und Drang?

Drama und Lyrik.

Welche Themen griffen sie oft auf?

Fürstenwillkür, z.B. Menschenhandel (Soldatenverkauf), in Schillers *Kabale und Liebe*, unnatürliche Privilegien des Adels in Goethes *Die Leiden des jungen Werther*, den Überschwang menschlicher Gefühle, ebenda und in Lenz *Der Hofmeister*, die Einengung des „kraftgenialen" Individuums durch die spießbürgerliche Gesellschaft in Schillers *Die Räuber.*

Wie hieß das berühmteste Werk der Epoche?

Goethes Briefroman *Die Leiden des jungen Werther*. Ein europäischer Bestseller.

Erläutern Sie anhand des Gedichts „Prometheus" von Johann Wolfgang von Goethe typische Merkmale der Sturm-und-Drang-Literatur.

inhaltlich:

- bezweifelt (göttliche) Autorität
- der Mensch stellt sich über die Götter
- der Mensch ist in seiner Schöpfertätigkeit den Göttern ähnlich
- betont die Individualität und die Freiheit des Menschen

formal:
- ohne Reimschema
- freie Rhythmen
- keine klassische Stropheneinteilung
- Einteilung nach Gedankengang
- ähnelt eher einem Streitgespräch als einem Gedicht

Welche Gemeinsamkeiten gibt es zwischen Aufklärung und Sturm und Drang?

- Betonung der natürlichen Freiheitsrechte
- Hervorhebung der Individualität jedes Einzelnen
- Anprangern feudalistischer Willkür

Was unterscheidet die beiden Literaturepochen?

Der Sturm und Drang legt mehr Wert auf das Gefühl und nicht den Verstand. Die (Dicht-)Kunst ist nicht erlernbar, sondern Angelegenheit individueller Begabung (Geniegedanke).

Worauf ist der Begriff „Klassik“ zurückzuführen?

Das Wort Klassik stammt vom lateinischen „classicus“. Damit wurden ursprünglich die Bürger der höchsten Steuerklasse bezeichnet. Heute bezeichnet Klassik den Höhepunkt einer Nationalliteratur. Die Epoche oder die Zeit, in der Werke von höchster Vollendung geschaffen wurden.

Was waren die Kunstideale der Klassik?

- Die Bändigung der Form
- Harmoniestreben (Form/Inhalt; Körper/Geist; Einheit/Ganzheit)
- Das Streben des Menschen nach humanistisch geprägter, individueller Vervollkommnung (W. v. Humboldt)
- Vorbildcharakter hatte die griechische Antike

Was waren die formalen Schwerpunkte der Klassik?

- Im Bereich der Epik der Bildungsroman (z.B. Goethe: *Wilhelm Meisters Lehrjahre*)
- Im Bereich des Dramas das Ideen- bzw. Geschichtsdrama in versgebundener Sprache (Jambus), z.B. Goethe: *Iphigenie auf Tauris*, Schiller: *Wallenstein*, *Maria Stuart*
- Im Bereich der Lyrik die Gedankenlyrik (z.B. Schiller: *Lied von der Glocke*) und die Ballade (z.B. Goethe: *Gott und die Bajadere*, Schiller: *Der*

Ring des Polykrates, Die Kraniche des Ibykus, Die Bürgschaft)

Welche Autoren spielten zur Zeit der „Weimarer Klassik“ neben Goethe und Schiller außerdem eine wichtige Rolle?

Johann Peter Hebel, Friedrich Hölderlin, Heinrich von Kleist, Jean Paul.

In welche Phasen kann man die Romantik einteilen?

- Ältere oder Frühromantik (auch Jenaer Romantik) um 1798 mit den Brüdern Schlegel, Novalis, Ludwig Tieck; Organ war die Zeitschrift „Athenäum“
- Hoch- oder Heidelberger Romantik um 1808 mit Achim von Arnim, Clemens Brentano, Joseph Freiherr von Eichendorff, den Brüdern Grimm; Organ war die „Zeitschrift für Einsiedler“
- Spät- oder Berliner Romantik nach 1808, zunächst mit den Brüdern Schlegel, Adalbert von Chamisso, später mit Heinrich von Kleist, Achim von Arnim, Clemens Brentano, E.T.A. Hoffmann
- Schwäbische Romantik nach 1810 mit Ludwig Uhland, Gustav Schwab, Wilhelm Hauff

Welche Bedeutung hatte das Wort „Romantik“ um die Jahrhundertwende (18./19. Jh.)?

„Romantisch“ wurde im Sinne von „romanhaft“ (d.h. überspannt, fantastisch, sentimental) in abwertender Bedeutung gebraucht. Im Sprachgebrauch der Romantiker wird „romantisch“ im Sinne von nicht klassisch verwendet, z.B. bezogen auf die Literatur des Mittelalters, aber auch im Sinne von „modern“.

Welche literarischen Gattungsformen bevorzugten die Romantiker?

Lyrik (Stimmungslyrik und Volkslied), Epik (Roman und Märchen). Es entstanden wenig dramatische Werke. Sehr bedeutsam waren aber die Shakespeare-Übersetzungen von August Wilhelm Schlegel und Ludwig Tieck.

Ein Schlüsselbegriff der Romantik ist die „blaue Blume“. Was soll diese symbolisieren?

Der Begriff stammt aus Novalis *Heinrich von Ofterdingen*. Er steht für die Sehnsucht der Romantiker nach Unendlichkeit, nach Poesie, nach Liebe, nach der Ferne.

Womit beschäftigen sich die Romantiker inhaltlich häufig?

Sie erforschten die deutsche Literatur des Mittelalters, das sie als das „Goldene Zeitalter" betrachteten (politische und religiöse Einheit „Deutschlands", im Gegensatz zur vermeintlich tristen Gegenwart: Napoleon), das führte auch zur Bildung einer neuen Wissenschaft, der Germanistik (Brüder Grimm).

Was kritisierten die Klassiker an der Romantik?

Goethe wertete das Romantische ab, indem er es als unnatürlich und künstlich bezeichnete: „Das Romantische ist kein Natürliches, Ursprüngliches, sondern ein Gemachtes, ein Gesuchtes, Gesteigertes, Übertriebenes, Bizarres, bis ins Fratzenhafte und Karikaturartige." (Goethes Gespräche mit Eckermann)

Welche Merkmale weist die bei den Romantikern sehr beliebte Gattungsform des Märchens auf?

Märchen: maere = Kunde, Nachricht. Kürzere unterhaltende Prosaerzählung von fantastisch-wunderbaren Begebenheiten und Zuständen aus freier Erfindung ohne zeitlich-räumliche Festlegung. Eingreifen übernatürlicher Wesen ins Alltagsleben. Redende Tiere und Pflanzen, Riesen, Zwerge, Drachen usw. widersprechen den Naturgesetzen, werden jedoch aus dem Geist des Märchens heraus glaubwürdig. Zumeist: Belohnung des Guten, Bestrafung des Schlechten.

Man kann grundsätzlich zwischen Volks- und Kunstmärchen unterscheiden. Die Volksmärchen wurden ursprünglich mündlich überliefert, daher sind die Verfasser i.d.R. unbekannt. Die Sprache ist meist einfach (volkstümlich) und mit wiederkehrenden Redewendungen („Es war einmal ...", „und wenn sie nicht gestorben sind ...") durchsetzt. Das Kunstmärchen dagegen wird von einem Autor in kunstvoller Sprache und nach bestimmten dichterischen Kompositionsgrundsätzen verfasst, wobei der Inhalt, das Personal (König/in, Prinz/essin, Zauberer, Hexe, Fee etc.) und die Handlungsorte (Burg, Schloss, Wald etc.) starke Ähnlichkeiten mit dem Volksmärchen aufweisen.

Welche Beispiele für Kunstmärchen lassen sich anführen?

E.T.A. Hoffmann: *Der goldene Topf*
Ludwig Tieck: *Der blonde Eckbert, Der gestiefelte Kater* (Märchendrama)
Wilhelm Hauff: *Zwerg Nase, Das kalte Herz*
Clemens Brentano: *Gockel, Hinkel und Gackeleia*

Nennen Sie weitere Werke der Romantik.

Novalis: *Hymnen an die Nacht*
Friedrich Schlegel: *Lucinde*
Achim von Arnim/Clemens Brentano: *Des Knaben Wunderhorn*
Joseph von Eichendorff: *Aus dem Leben eines Taugenichts*
Ludwig Tieck: *Franz Sternbalds Wanderungen*
E.T.A. Hoffmann: *Das Fräulein von Scuderi, Die Elixiere des Teufels*
Brüder Grimm: *Kinder- und Hausmärchen*

Woher stammt der Begriff „Vormärz"?

Aus der Geschichtswissenschaft übernommener Begriff für die Zeit zwischen dem Wiener Kongress (1815) und der Märzrevolution von 1848 und dem damit verbundenen Kampf um demokratische Rechte, an dem sich auch zahlreiche Schriftsteller mit ihrem literarischen Werk engagierten.

Woher kommt der Begriff „Junges Deutschland"?

Aus einer Vorlesungsreihe Ludolf Wienbargs, der damit die studentische Jugend aufforderte, sich nicht plumper Deutschtümelei hinzugeben, sondern sich für ein modernes, fortschrittliches Deutschland einzusetzen. Außerdem vertrat er die Ansicht, dass die Literatur die jeweilige gesellschaftliche Situation wiedergeben müsse.

Was war das „Junge Deutschland"?

Schriftsteller, die sich im obigen Sinne engagierten (z.B. Karl Gutzkow, Heinrich Laube, Theodor Mundt, Ludolf Wienbarg, Georg Herwegh, Hoffmann von Fallersleben, Ferdinand Freiligrath u.a.). Eine Gruppenzusammengehörigkeit im eigentlichen Sinne gab es nicht. Diese stellte lediglich die Obrigkeit her, als sie die Verbreitung dieser Schriften verbot und von einer „literarischen Schule" sprach.
Heinrich Heine aus ästhetischen Gründen („Ten-

Welche fortschrittlichen Schriftsteller distanzierten sich vom „Jungen Deutschland"?

denzliteratur"). Georg Büchner, weil er nicht glaubte, dass eine echte Revolution von den bürgerlichen Intellektuellen ausgehen könne.

Welche gegensätzliche Richtung gab es in der Literatur zu dieser Zeit außerdem?

Die Autoren und Autorinnen, die dem so genannten Biedermeier zugerechnet werden. Sie vertraten konservative Werte, wie Bewahrung der Tradition, Religiosität, Heimatliebe, patriarchalische Ordnung in Familie und Staat, Genügsamkeit und Bändigung der Leidenschaften.

Woher stammt die umstrittene Bezeichnung „Biedermeier"?

Von Ludwig Eichrodts parodistischer Liedersammlung *Die Gedichte des schwäbischen Schulmeisters Gottlieb Biedermaier und seines Freundes Horatius Treuherz* (1857). Eichrodt machte sich darin über spießige Strömungen seiner Zeit lustig. Der Begriff wurde auch auf die Mode, Möbel, Architektur und Malerei (Carl Spitzweg, L. Richter) übertragen.

Welche Schriftsteller werden dieser Richtung zugeordnet?

Annette von Droste-Hülshoff, Adalbert Stifter, Eduard Mörike, Ferdinand Raimund, Nikolaus Lenau, Franz Grillparzer u.a.

Welche Bedeutung hat der Begriff „Realismus"?

- Als Begriff der Poetik bedeutet er die naturgetreue Darstellung der Wirklichkeit (im Gegensatz zur idealisierten Darstellung der Wirklichkeit).
- Als epochengeschichtlicher Begriff umfasst er den Zeitraum zwischen 1850 und 1895, auch bürgerlicher, poetischer oder psychologischer Realismus genannt.

Welche Grundhaltung nehmen die Autoren des Realismus ein?

Ziel ist die objektive Schilderung der Wirklichkeit (Fontane, „die Wahrheit im Kleide der Wirklichkeit"), wobei Gefühl und subjektive Meinung des Autors so weit wie möglich zurücktreten sollen. Die Erzählhaltung ist distanziert, es herrscht die sachlich nüchterne Schilderung vor, auf Pathos wird verzichtet. Bevorzugt werden Novelle und Roman, weil hier die differenzierte Darstellung der psychologischen Hintergründe am besten möglich ist.

Wer steht häufig im Zentrum des realistischen Romans?

Der einzelne Mensch im Alltag und in seiner Beziehung zur Gesellschaft, an deren Mechanismen (Ehrenkodex) er zerbricht (z.B. Theodor Fontane: *Effi Briest*).

Wer sind bedeutende Autoren des europäischen Realismus?

Theodor Fontane, Gottfried Keller, Theodor Storm, Friedrich Hebbel, C. F. Meyer, Wilhelm Raabe, Gustav Freytag, Paul Heyse.
Honore de Balzac, Gustave Flaubert (Frankreich), Charles Dickens (Großbritannien), Leo Tolstoj, Fjodor Dostojewskij (Russland).

Wieso wird der Naturalismus auch als „gesteigerter" Realismus bezeichnet?

Inhaltlich stoßen die Naturalisten in Themenbereiche vor, die für die Realisten weitgehend tabu waren. Sie setzen sich mit dem von Wilhelm II. repräsentierten Obrigkeitsstaat auseinander. Sie üben Sozialkritik an der Situation des Proletariats, schildern die Verhältnisse von Alkoholikern, (Erb-)Kranken, Prostituierten und Kriminellen. Die Naturalisten wollen die (Dicht-)Kunst wie Naturwissenschaftler betrachten (Arno Holz: „Kunst = Natur – x"). Für sie ist der Mensch ein Produkt aus Milieu, Erbanlagen und geschichtlicher Situation. Das alles wollen sie mit äußerster Detailtreue in ihren Werken wiedergeben.

Wie findet sich diese Weiterentwicklung in der Form wieder?

„Sekundenstil" in der Epik, d.h., Handlungsabläufe werden minutiös wiedergegeben. Im Theater versucht der Autor durch ausführliche Regieanweisungen, das „stumme Spiel" (Mimik, Gestik) zu betonen. Die Authentizität der Darstellung soll durch grammatikalisch fehlerhafte Umgangssprache, Dialekt, Stottern usw. gesteigert werden.

Welche deutsche Autoren prägten den Naturalismus?

Gerhart Hauptmann (Literaturnobelpreis 1912), Arno Holz, Johannes Schlaf, Ludwig Thoma.

Welche internationalen Vorbilder hatten diese?

Emile Zola (Frankreich), Henrik Ibsen (Norwegen), August Strindberg (Schweden), Leo Tolstoj (Russland).

Welche Literaturstile, -strömungen und -tendenzen gab es um die Jahrhundertwende zum 20. Jahrhundert?

Symbolismus, Impressionismus, Neuromantik, Dekadenzliteratur, Jugendstil.

Was ist unter diesen Begriffen zu verstehen?
Symbolismus

Symbolismus: Der Begriff kommt aus Frankreich (Charles Baudelaire, Paul Verlaine, Arthur Rimbaud). Ziel ist die „poésie pure" (reine Poesie), die Dichtkunst folgt dem Prinzip „l' art pour l' art" (Kunst für die Kunst); sie ist völlig abgehoben von der gesellschaftlichen und sozialen Wirklichkeit der Zeit und orientiert sich an einem Schönheitsbegriff. Der Gegenstand der Dichtung weist über sich hinaus auf hinter ihm liegende Ideen, er wird damit zum Symbol.
Autoren: Stefan George, Rainer Maria Rilke und Hugo von Hofmannsthal (Schwerpunkt: Lyrik)

Impressionismus

Impressionismus: Der Begriff „Impressionismus" stammt aus der bildenden Kunst. In der Literatur bedeutet Impressionismus die Kunst, eine subjektive Augenblicksempfindung wiederzugeben. Ziel ist nicht die vollständige Darstellung der Wirklichkeit (wie im Naturalismus), sondern die Darstellung subjektiver Sinneseindrücke bzw. Stimmungen.
Autoren: Arthur Schnitzler, Detlev von Liliencron. Impressionistische Stilelemente finden sich aber auch bei anderen Autoren, wie z.B. Robert Musil, Thomas Mann, Hugo von Hofmannsthal, Rainer Maria Rilke.

Neuromantik

Neuromantik: Damit ist eine literarische Richtung gemeint, die in traditionellen Formen Themen und Motive der Romantik aufgreifen (Verachtung der Gegenwart, Wendung zur Geschichte, Natursehnsucht).
Autoren: Hermann Hesse und Ricarda Huch.

Dekadenzliteratur

Dekadenzliteratur: Der Begriff Dekadenzliteratur beinhaltet ein wichtiges Thema der Literatur der Jahrhundertwende: dem Niedergang des bürgerlichen Zeitalters (Fin de siècle), der Darstellung einer überfeinerten und damit verfallenden Kultur.
Autoren, die dies beschrieben haben, sind u.a.: Thomas Mann, Arthur Schnitzler und Robert Musil.

Jugendstil

Jugendstil: Der literarische Jugendstil gehört wie die anderen (oben erwähnten) Strömungen zur antinaturalistischen Bewegung. Mit der Neuromantik verbindet ihn die Ablehnung der modernen Industriegesellschaft. Eine eindeutige Definition ist äußerst schwierig. Der Begriff leitet sich von der literarisch-satirischen Zeitschrift „Jugend“ (München) ab.

Wodurch ist die expressionistische Dichtung gekennzeichnet?

Nicht das äußere Geschehen (wie bei den Naturalisten), sondern das innere Erleben ist maßgebend. Die „Wesenhaftigkeit“ der Dinge soll dargestellt werden. Man sucht auch nach neuen Ausdrucksmöglichkeiten (Sprachexperimente).

Welche Gemeinsamkeiten gibt es unter den expressionistischen Schriftstellern?

Es ist weniger ein gemeinsamer literarischer Stil, sondern das Lebensgefühl, das die Angehörigen der expressionistischen Generation miteinander verbindet. Sie kämpften gegen die erstarrte Selbstzufriedenheit und die militaristische Stimmung im wilhelminischen Deutschland. Sie glaubten, dass diese alte Gesellschaft dem Untergang geweiht sei und wollten eine neue, bessere Gesellschaft aufbauen.

Wie heißt die bedeutendste Sammlung expressionistischer Lyrik?

Menschheitsdämmerung, hrsg. von Kurt Pinthus.

Wie grenzen sich die Vertreter der „Neuen Sachlichkeit“ vom Expressionismus ab?

Die „Neue Sachlichkeit“ ist eine Stilrichtung, die sich in den Zwanzigerjahren der Weimarer Republik herausbildete. Der Begriff stammt aus der Malerei (z.B. Christian Schad, Georg Schrimpf, Otto Dix). Die Schriftsteller der Neuen Sachlichkeit distanzierten sich vom Gefühlsüberschwang und Pathos der Expressionisten und wandten sich wieder der sachlich-realistischen Darstellung zu. Sie setzten sich auf nüchterne Weise mit den wirtschaftlichen, sozialen und politischen Problemen ihrer Zeit auseinander. Man widmete sich dem neuen Medium Rundfunk (Hörbericht, Hörspiel), der Reportage, dem Zeitroman, dem Lehrstück, der so genannten Gebrauchslyrik und dem kritischen Volksstück.

Welche Beispiele können Sie dafür nennen?

Rundfunk: Bertolt Brecht: *Radiotheorie*
Reportage: Egon Erwin Kisch: *Der rasende Reporter*
Zeitroman: Erich Kästner: *Fabian*, Lion Feuchtwanger: *Erfolg*, Irmgard Keun: *Das kunstseidene Mädchen*
Lehrstück: Bertolt Brecht: *Der Ozeanflug*
Gebrauchslyrik: Erich Kästner: *Herz auf Taille*, Kurt Tucholsky: *Mit 5 PS*
kritisches Volksstück: Ödön v. Horvath: *Glaube Liebe Hoffnung*, Marie Luise Fleißer: *Pioniere in Ingolstadt*

Wieso gibt es nach Expressionismus und „Neuer Sachlichkeit" keine rein literarische Periodisierung (= Einteilung der Literatur in Epochen) mehr?

Es dauert in der Literaturgeschichtsschreibung i.d.R. längere Zeit, bis man sich auf eine gemeinsame Bezeichnung einigen kann. Darüber hinaus ist es aufgrund der Vielfältigkeit der literarischen Produktion des 20. Jahrhunderts nicht leicht, einen gemeinsamen Stil oder eine Strömung zu erkennen, insbesondere auch bei den Werken und Schriftstellern, die die Zeit überdauern (um nur einige zu nennen, Thomas und Heinrich Mann, Bertolt Brecht, Alfred Döblin, Robert Musil, Anna Seghers, Gottfried Benn, Paul Celan, Ingeborg Bachmann, Günter Grass, Uwe Johnson, Peter Weiss, Thomas Bernhard, Max Frisch, Friedrich Dürrenmatt u.v.a.m.

Welche bedeutenden Werke entstanden bzw. wurden in der Zeit der Weimarer Republik veröffentlicht?

Karl Kraus: *Die letzten Tage der Menschheit*, Rainer Maria Rilke: *Duineser Elegien*, Thomas Mann: *Der Zauberberg*, Franz Kafka: *Der Prozess*, Hermann Hesse: *Der Steppenwolf*, Arnold Zweig: *Der Streit um den Sergeanten Grischa*, B. Traven: *Das Totenschiff*, Gottfried Benn: *Gesammelte Gedichte*, Erich Kästner: *Emil und die Detektive*, Alfred Döblin: *Berlin Alexanderplatz*, Bertolt Brecht: *Die Dreigroschenoper*, Erich Maria Remarque: *Im Westen nichts Neues*, Hans Fallada: *Kleiner Mann, was nun?*, Joseph Roth: *Radetzkymarsch*, Robert Musil: *Der Mann ohne Eigenschaften*, Hermann Broch: *Die Schlafwandler.*

Worin liegt die besondere Bedeutung Thomas Manns? Wie heißen seine bekanntesten Werke?

Thomas Mann, nicht nur der größte deutsche Romancier, sondern auch einer der bedeutendsten Intellektuellen des Jahrhunderts, verschaffte dem deutschen Roman Anschluss an die Weltliteratur. *Buddenbrooks* (1901), *Der Tod in Venedig* (1911), *Der Zauberberg* (1924), *Joseph und seine Brüder* (1933–1943), *Doktor Faustus* (1947) u.a.

Wodurch ist Kafkas Darstellungsart gekennzeichnet?

Kafka schreibt in klarer realistischer Prosa selbst dann, wenn er Hintergründiges, Fantastisches und geheimnisvolle Vorgänge schildert, die mittlerweile als „kafkaesk" bezeichnet werden. „Wie ein Fabeltier – unerreichbar, unfixierbar – taucht das Werk Kafkas immer wieder aus dem Meer der Deutungen auf, die Wasser laufen wirkungslos ab, und es steht da wie zuvor: rätselhaft, anziehend, erschreckend, beschäftigend, bereit, neue Erklärungen zu zeugen und zu verschlingen." (Günter Blöcker).

Wie heißen seine bekanntesten Werke?

Der Prozess, Das Schloss, Der Verschollene, Die Verwandlung, Das Urteil, Ein Bericht für eine Akademie, In der Strafkolonie u.a.

In welchen Etappen vollzog sich die Flucht der Schriftsteller vor den Nationalsozialisten ins Exil?

Die eigentliche Exilzeit wird regelmäßig mit dem Beginn der Naziherrschaft (Ernennung Hitlers zum Reichskanzler am 30.1.1933) bis zur bedingungslosen Kapitulation (8.5.1945) angesetzt. Dies gibt den Zeitraum der Exilliteratur aber nur bedingt wieder. Zum einen verließen einzelne Schriftsteller, aufgrund der politischen Situation, das Land schon wesentlich früher (z.B. Kurt Tucholsky), und zum anderen kehrten viele Schriftsteller überhaupt nicht mehr nach Deutschland zurück, blieben also ihr restliches Leben an ihren Zufluchtsorten (z.B. Heinrich Mann, Thomas Mann, Oskar Maria Graf, Lion Feuchtwanger, Karl Wolfskehl, Else Lasker-Schüler, Nelly Sachs).
Die Ereignisse, durch die vielen Schriftstellern (über 2.000 flohen aus politischen oder rassischen Gründen) die Notwendigkeit der Flucht vor Augen geführt wurde, waren die Machtübernahme Hitlers,

der Reichstagsbrand (27.2.1933), das Ermächtigungsgesetz (24.3.1933), die Bücherverbrennung (10.5.1933) und der „Anschluss" Österreichs (1938).

Welche inhaltlichen Schwerpunkte der Exilliteratur kann man feststellen?

In den Anfangsjahren der Exilzeit finden sich noch viele Werke, die sich mit der Frage beschäftigen, wie es zum Erfolg der Nationalsozialisten kommen konnte, z.B. Klaus Mann: *Mephisto*, Oskar Maria Graf: *Anton Sittinger*, Alfred Döblin: *Pardon wird nicht gegeben*, Lion Feuchtwanger: *Die Geschwister Oppermann*.
Später folgten Werke, die sich mit dem Leben im nationalsozialistischen Deutschland auseinander setzten bzw. das Leben im Exil zum Inhalt hatten, z.B. Irmgard Keun: *Nach Mitternacht*, Anna Seghers: *Das siebte Kreuz*, Ernst Toller: *Pastor Hall*, Arnold Zweig: *Das Beil von Wandsbek*, Stefan Zweig: *Schachnovelle*, Bertolt Brecht: *Furcht und Elend des III. Reichs*, Lion Feuchtwanger: *Exil*, Anna Seghers: *Transit*, Klaus Mann: *Der Vulkan*; Walter Hasenclever: *Die Rechtlosen*.
Als letzter Schwerpunkt finden sich Werke ohne konkreten Zeitbezug bzw. historischen Hintergrund, z.B. Thomas Mann: *Joseph und seine Brüder*, *Lotte in Weimar*, Heinrich Mann: *Die Jugend des Königs Henri IV*, Oskar Maria Graf: *Das Leben meiner Mutter*, Bertolt Brecht: *Mutter Courage und ihre Kinder*, *Der gute Mensch von Sezuan*.

Was ist die Literatur der „inneren Emigration"?

Mit „innerer Emigration" bezeichnet man das Verhalten derjenigen deutschen Schriftsteller, die während der NS-Herrschaft im Lande blieben und zwischen den Zeilen versteckt (häufig in Form des historischen Romans) Kritik an den bestehenden Verhältnissen übten oder im äußersten Falle den „Rückzug ins Schweigen" antraten, z.B. Reinhold Schneider: *Las Casas vor Karl V.*, Stefan Andres: *El Greco malt den Großinquisitor*, Ernst Jünger: *Auf den Marmorklippen*, Oskar Loerke: *Der Wald der Welt*.

Welche Besonderheiten weist die Literatur der Nachkriegsjahre auf?

In den frühen Nachkriegsjahren (bis Mitte der Fünfzigerjahre) wird die Situation literarisch im Wesentlichen von drei Autorengruppen bestimmt:

- Autoren, die während der NS-Zeit in Deutschland geblieben waren und nur eingeschränkt oder überhaupt nicht publizieren durften („innere Emigration" s.o.). Eine wichtige Rolle spielten der Lyriker Gottfried Benn und der schon während des Ersten Weltkriegs in die Schweiz emigrierte Hermann Hesse.
- Autoren, die während des Nationalsozialismus Deutschland verlassen mussten und nach 1945 zurückkehrten oder im Exil blieben (s.o.). Eine wichtige Rolle spielte der Dramatiker Carl Zuckmayer (*Des Teufels General*).
- Autoren der jungen Generation, die sich meist zum ersten Mal nach dem Krieg zu Wort meldeten oder dann erst bekannt wurden, z.B. Wolfgang Borchert, Alfred Andersch, Hans Werner Richter, Heinrich Böll, Wolf Dietrich Schnurre, Günter Eich.

Während die ersten beiden Autorengruppen literarische Traditionen fortführen, steht die dritte Autorengruppe für den eigentlichen literarischen Neubeginn nach 1945. Die frühen Werke dieser Autoren wurden mit den Schlagwörtern „Trümmerliteratur" und „Kahlschlagliteratur" charakterisiert.

Was versteht man unter den Begriffen „Trümmerliteratur" bzw. „Kahlschlagliteratur"?

Mit dem Begriff „Trümmerliteratur" wollte man die Zustände, die man vorfand, und mit denen man zu kämpfen hatte, zum Ausdruck bringen. Die Trümmer, die das nationalsozialistische System hinterlassen hatte, und auf denen man Neues aufbauen wollte. Heinrich Böll: „Wir schrieben also vom Krieg, von der Heimkehr und dem, was wir im Krieg gesehen hatten und bei der Heimkehr vorfanden: von Trümmern." (*Bekenntnis zur Trümmerliteratur*, 1952).

Der Begriff „Kahlschlagliteratur" umschreibt den Versuch der Sprachreinigung vom nationalsozialistischen Missbrauch. Die Dinge sollen wieder bei

ihrem richtigen Namen genannt werden. Wolfgang Borchert: „Zum Baum ‚Baum‘ sagen, zum Weib ‚Weib‘."
Wolfgang Weyrauch: Die „Männer des Kahlschlags" sollen als „Förster" Wegweiser im „literarischen Gestrüpp" ihrer Gegenwart aufstellen, um „in Sprache, Substanz und Konzeption (...) vorn an(zu)fangen, ganz von vorn" – wenn nötig auch „um den Preis der Poesie". (Nachwort zur Lyrikanthologie *Tausend Gramm*, 1949).

Was war die „Gruppe 47"?

Die Gruppe 47 entstand aus ehemaligen Mitarbeitern der Zeitschrift „Der Ruf". Das erste Treffen fand im September 1947 am Bannwaldsee bei Füssen statt. Mentor und Organisator der Gruppe war Hans Werner Richter. Ursprünglich war sie eine lose Zusammenkunft von jungen, noch unbekannten Schriftstellern und Schriftstellerinnen. Man las sich aus noch unveröffentlichten Texten vor und kritisierte sich gegenseitig. Im Laufe der Jahre stießen Verleger und Kritiker zu der Gruppe. Einzelne Mitglieder wurden langsam bekannt, z.B. Heinrich Böll, Ingeborg Bachmann, Paul Celan usw. Die Berühmtheit dieser Autoren fiel ebenfalls auf die Gruppe zurück, sodass die Treffen der Gruppe in den späten Fünfzigern und den Sechzigern die literarischen Ereignisse in der Bundesrepublik waren. Richter lud immer wieder junge unbekannte Autoren ein, von denen viele den literarischen Durchbruch schafften, z.B. Martin Walser, Günter Grass, Hans Magnus Enzensberger, Uwe Johnson, Peter Weiss u.a. Aufgrund inhaltlicher, v.a. politischer (APO, Vietnamkrieg) und z.T. auch persönlicher Meinungsverschiedenheiten löste sich die Gruppe 1967 faktisch auf.

Welche inhaltlichen Schwerpunkte wurden von vielen jüngeren Autoren der Nachkriegsjahre gesetzt?

Zunächst Auseinandersetzung mit den Kriegserfahrungen und der nationalsozialistischen Vergangenheit, später dann Kritik an der verschenkten Chance des Neubeginns und der Wohlstandseuphorie der Wirtschaftswunderjahre.

Welche Werke kann man als Beispiel anführen?

- Krieg und Nationalsozialismus: Wolfgang Borchert: *Draußen vor der Tür*, Heinrich Böll: *Wo warst du, Adam*; *Wanderer, kommst du nach Spa*, Hans Werner Richter: *Die Geschlagenen*, Paul Celan: *Todesfuge*, Arno Schmidt: *Leviathan*, Alfred Andersch: *Die Kirschen der Freiheit; Sansibar oder der letzte Grund*, Günter Eich: *Das Mädchen aus Viterbo*, Günter Grass: *Die Blechtrommel*
- Kritik an den verschenkten Chancen (s.o.): Wolfgang Koeppen: *Tauben im Gras, Das Treibhaus, Der Tod in Rom,* Heinrich Böll: *Das Brot der frühen Jahre, Billard um halb zehn, Ansichten eines Clowns*, Martin Walser: *Ehen in Philippsburg.*

Was prägte die Literatur der Sechzigerjahre?

Im Laufe der Sechzigerjahre vollzog sich in der Bundesrepublik Deutschland ein tief greifender politischer Wandel (von der Unionsregierung über die große Koalition zur sozialliberalen Koalition). Parallel dazu erfolgt eine Politisierung der Literatur bzw. der Literaten bis hin zu einem konkreten parteipolitischen Engagement, z.B. bei Grass für die EsPeDe. Vor allem während der Zeit der großen Koalition findet eine Radikalisierung statt, die in erster Linie von der studentisch geprägten APO (außerparlamentarische Opposition) betrieben wird. Darüber hinaus trägt der Protest gegen den Vietnamkrieg zu einer weiteren Politisierung bei. Viele Schriftsteller benutzen die Möglichkeiten, die das Dokumentartheater bietet, um ihre Sicht der Dinge zu vermitteln.

Welche Dokumentartheaterstücke erregten großes Aufsehen?

Rolf Hochhuth: *Der Stellvertreter*, 1963 (über die Rolle des Vatikans bzw. Papst Pius XII. während der NS-Zeit)
Heinar Kipphardt: *In der Sache J. Robert Oppenheimer*, 1964 (über die Entwicklung der Wasserstoffbombe und die Verantwortung des Wissenschaftlers)
Peter Weiss: *Die Ermittlung*, 1965 (über den Frankfurter Auschwitzprozess bzw. die Verbrechen in Auschwitz)

Welche Entwicklung nahm die Literatur in den Siebzigerjahren?

Mitte der Siebzigerjahre zeichnete sich eine Trendwende ab, weg von der gesellschaftspolitischen Verankerung der Schriftsteller/innen, hin zur Schilderung subjektiver Erfahrungen („Neue Subjektivität" bzw. „Neue Innerlichkeit"). Typische Vertreter dieser Richtung sind Botho Strauß und Peter Handke. Außerdem spielte im selben Jahrzehnt die Frauenemanzipation eine wichtige Rolle, die zur starken Beachtung der so genannten Frauenliteratur führte, die auch eigene Vertriebswege hervorbrachte (Frauenbuchverlage, Frauenbuchhandlungen, Frauenzeitschriften). Typische Vertreterinnen dieser Richtung sind Elfriede Jelinek (*Die Liebhaberinnen*, 1975), Brigitte Schwaiger (*Wie kommt das Salz ins Meer*, 1977), Karin Struck (*Häutungen*, 1975, *Die Mutter*, 1975).

Welche wichtigen Werke gehören zur Literatur der Siebzigerjahre?

Die Angst des Tormanns beim Elfmeter (Peter Handke), *Zettels Traum* (Arno Schmidt), *Gruppenbild mit Dame* (Heinrich Böll), *Jahrestage* (Uwe Johnson), *Malina* (Ingeborg Bachmann), *Die neuen Leiden des jungen W.* (Ulrich Plenzdorf), *März* (Heiner Kipphardt), *Die Ästhetik des Widerstands* (Peter Weiss), *Die wunderbaren Jahre* (Reiner Kunze), *Die gerettete Zunge* (Elias Canetti), *Der Butt* (Günter Grass), *Ein fliehendes Pferd* (Martin Walser), *Hamletmaschine* (Heiner Müller), *Kein Ort. Nirgends* (Christa Wolf), *Franziska Linkerhand* (Brigitte Reimann).

Was prägte die Literatur der Achtzigerjahre?

Der Übergang von den Siebziger- zu den Achtzigerjahren war die Zeit des Abschieds von einigen Größen der deutschen Nachkriegsliteratur: Arno Schmidt (1979), Alfred Andersch (1980), Peter Weiss (1982), Uwe Johnson (1984), Heinrich Böll (1985) starben.

Zu Beginn der Achtzigerjahre standen zwei Bücher Michael Endes lange Zeit an der Spitze der Bestsellerlisten: *Momo* und *Die unendliche Geschichte*. Bei beiden Werken handelt es sich um Märchen. Sie hatten Signalwirkung für die Achtzigerjahre. In der

Literatur dieses Jahrzehnts ist eine Vorliebe für Märchen, Mythen und historische Themen zu erkennen.

Welche Beispiele hierfür kann man nennen?

Botho Strauß: *Der junge Mann*, Peter Handke: *Die Abwesenheit* (Ein Märchen), Patrick Süskind: *Das Parfum*, Sten Nadolny: *Die Entdeckung der Langsamkeit*, Christoph Ransmayr: *Die letzte Welt*, Robert Schneider: *Schlafes Bruder.*

Welche Entwicklungslinien charakterisieren die Literatur der DDR?

In den ersten Nachkriegsjahren förderte man

- sozialistische Autoren (z.B. Anna Seghers, Bertolt Brecht, Johannes R. Becher),
- linksbürgerliche bzw. liberale Vertreter der Exilliteratur (z.B. Heinrich Mann, Lion Feuchtwanger, Arnold Zweig, Oskar Maria Graf),
- das so genannte Kulturerbe (die „Klassiker" der dt. Literatur: Lessing, Goethe, Schiller, Heine u.a.).

In den Fünfzigerjahren sollte sich die Literatur an den Errungenschaften beim Aufbau des Sozialismus orientieren. Der so genannte „sozialistische Realismus" wurde gefordert, d.h., die Schriftsteller/innen sollten über die konkrete Situation der arbeitenden „Klasse" schreiben, umgekehrt sollten auch die Arbeiter schreiben (Bitterfelder Konferenz der Schriftsteller 1959 → „Bitterfelder Weg").
Es wurden v.a. in den Sechziger- und Siebzigerjahren auch etliche Werke geschrieben, die nicht mit der offiziellen Linie in Einklang zu bringen waren. Diese wurden dann z.T. zensiert, verspätet oder gar nicht veröffentlicht, z.B. Günter Kunert: *Im Namen der Hüte*, Fritz Rudolf Fries: *Der Weg nach Oobliadooh*, Manfred Bieler: *Maria Morzeck oder das Kaninchen bin ich*, Christa Wolf: *Nachdenken über Christa T.*, Reiner Kunze: *Die wunderbaren Jahre*, Ulrich Plenzdorf: *Die neuen Leiden des jungen W.*, Brigitte Reimann: *Franziska Linkerhand.*
Ein einschneidendes Ereignis war die Ausbürgerung von Wolf Biermann 1976. Der Protest vieler prominenter Künstler führt zu massiven Reaktionen des Staats: Ausschluss aus Schriftstellerverband und Partei, faktisches Publikationsverbot, Nichterteilung

von Reisevisa, behördlichen Schikanen usw. Daraufhin verlassen zahlreiche Autoren die DDR.

Welche Stichworte und Beispiele zur Literatur der Neunzigerjahre fallen Ihnen ein?

Das Jahrzehnt nach der Wiedervereinigung bedeutet einerseits das definitive Ende der Nachkriegsliteratur, andererseits zeigte sich, dass die „innere Teilung" nicht so schnell überwunden werden konnte. So war die deutsche Wiedervereinigung Thema zahlreicher Werke. Klaus Pohl: *Karate-Billi kehrt zurück*, Wolfgang Hilbig: *Ich*, Günter Grass: *Ein weites Feld*, Martin Walser: *Die Verteidigung der Kindheit*, Ingo Schulze: *Simple Storys*, Botho Strauß: *Schlusschor*, Thomas Brussig: *Helden wie wir*, Jens Sparschuh: *Der Zimmerspringbrunnen*, Rolf Hochhuth: *Wessis in Weimar*, Volker Braun: *Iphigenie in Freiheit*, Reinhard Jirgl: *Hundsnächte* u.a.
Eine ganze Reihe von jüngeren Autoren/Autorinnen wie z.B. Thomas Brussig, Helmut Krausser, Judith Hermann, Ingo Schulze, Durs Grünbein, Felicitas Hoppe, Zoe Jenny, Christian Kracht, Karen Duve, Michael Roes, Ilija Trojanow, Maxim Biller, Hans-Ulrich Treichel, Matthias Altenburg, Christoph Peters, Sibylle Berg, Marcel Beyer, Steffen Kopetzky, Benjamin von Stuckrad-Barre u.a. feierten in dem Jahrzehnt ihre ersten Erfolge, in dem eine ganze Reihe bedeutender Nachkriegsschriftsteller, nämlich Thomas Bernhard, Max Frisch, Friedrich Dürrenmatt, Helmut Heißenbüttel, Wolfdietrich Schnurre, Elias Canetti, Heiner Müller, Wolfgang Koeppen und Jurek Becker starben.

Welche Autoren gehören u.a. zu den wichtigsten Vertretern der deutschen Nachkriegslyrik?

Ingeborg Bachmann, Paul Celan, Günter Eich, Walter Höllerer, Hans Magnus Enzensberger, Helmut Heissenbüttel, Karl Krolow, Nelly Sachs, Ernst Jandl, Peter Huchel, Johannes Bobrowski, Hilde Domin, Sarah Kirsch, Durs Grünbein u.a.

Welche deutschen Schriftsteller erhielten den Nobelpreis für Literatur?

Theodor Mommsen 1902, Rudolf Eucken 1908, Paul Heyse 1910, Gerhart Hauptmann 1912, Thomas Mann 1929, Hermann Hesse 1946, Nelly Sachs 1966, Heinrich Böll 1972, Günter Grass 1999.

Wie heißt der bedeutendste deutsche Literaturpreis?

Der Georg-Büchner-Preis wird von der Deutschen Akademie für Sprache und Dichtung, Darmstadt verliehen und ist zurzeit (2003) mit 40.000 € dotiert. Preisträger: Durs Grünbein (1995), Sarah Kirsch (1996), H.C. Artmann (1997), Elfriede Jelinek (1998), Arnold Stadler (1999), Volker Braun (2000), Friederike Mayröcker (2001), Wolfgang Hilbig (2002), Alexander Kluge (2003).

Welche Besonderheit weist der Ingeborg-Bachmann-Preis auf?

Der Ingeborg-Bachmann-Preis wurde 1976 von der Stadt Klagenfurt, dem Geburtsort Bachmanns, gestiftet. Die Art der Durchführung führte immer wieder zu heftigen und kontroversen Diskussionen: Noch unveröffentlichte Texte werden von den Autoren/Autorinnen live vor Publikum und Medien gelesen und von der Jury diskutiert und bewertet. Der Literaturwettbewerb wird jährlich im Juni (25.06.1926 Geburtstag Bachmanns) in Klagenfurt durchgeführt und live vom Fernsehen übertragen. Preisträger waren u.a. Ulrich Plenzdorf, Sten Nadolny, Katja Lange-Müller, Wolfgang Hilbig, Birgit Vanderbeke, Terezia Mora, Georg Klein.

Was unterscheidet den deutschen Jugendliteraturpreis von anderen Preisen?

Der Deutsche Jugendliteraturpreis wird seit 1956 jährlich als einziger staatlicher Preis für Literatur, gestiftet vom Bundesministerium für Familie, Senioren, Frauen und Jugend, verliehen. Der Preis wird in den Sparten Bilderbuch, Kinderbuch, Jugendbuch und Sachbuch verliehen.

Welche wichtigen internationalen Literaturpreise gibt es?

Literaturnobelpreis, Prix Goncourt (Frankreich), Booker-Price (Großbritannien), Pulitzerpreis (USA).

Welche Werke der internationalen Literatur der letzten zwei Jahrzehnte wurden zu Bestsellern, die auch vor dem strengen Auge der Literaturkritik Anerkennung fanden?

Margarete Atwood: *Der Report der Magd*, Paul Auster: *Mond über Manhattan*, Luis Begley: *Lügen in Zeiten des Krieges*, Jean M. Coetzee: *Schande*, Don DeLillo: *Unterwelt*, Umberto Eco: *Der Name der Rose*, Jonathan Franzen: *Die Korrekturen*, Gabriel Garcia Marquez: *Hundert Jahre Einsamkeit*, Michel Houellebecq: *Elementarteilchen*, Kazuo

Ishiguro: *Was vom Tage übrigblieb*, Imre Kertesz: *Roman eines Schicksallosen*, Milan Kundera: *Die unerträgliche Leichtigkeit des Seins*, Javier Marias: *Mein Herz so weiß*, Toni Morrison: *Jazz*, Harry Mulisch: *Die Entdeckung des Himmels*, Cees Nooteboom: *Rituale*, Michael Ondaatje: *Der englische Patient*, E. Annie Proulx: *Schiffsmeldungen*, Philip Roth: *Der menschliche Makel*, Arundhati Roy: *Der Gott der kleinen Dinge*, Salman Rushdie: *Die satanischen Verse*, Jose Saramago: *Die Stadt der Blinden*; Aleksandar Tisma: *Der Gebrauch des Menschen*, John Updike: *Rabbit in Ruhe*, Thomas Wolfe: *Fegefeuer der Eitelkeiten.*

4 Herstellung

Die Schrift und die Gestaltung von Druckerzeugnissen

Wo findet man die Einteilung der Druckschriften?

Diese Einteilung ist in der DIN-Norm 16518 „Klassifikation der Schriften" verbindlich festgelegt. Sie unterscheidet von der Form her zwei Gruppen: die runden Schriften (Antiquaschriften) und die gebrochenen Schriften (gotische bzw. Frakturschriften) mit den dazugehörigen Schreibschriften. Nach den charakteristischen Buchstabenformen werden die Schriften in elf Schriftgruppen unterteilt. Häufig gliedern sich die Schriftverzeichnisse der Satzbetriebe nach dieser Norm.

Woran kann man Antiquaschriften erkennen?

Bei den Antiquaschriften sind Duktus und Serifen wichtige Charakteristika.
Die unterschiedlichen Strichführungen von Buchstaben, „Duktus" genannt, leiten sich aus der Schreibhaltung und dem Schreibgerät ab. Dazu gehören Auf- und Abschwünge sowie Schwellungen bei Rundungen. Die Rundungsachsen der Buchstaben können beispielsweise senkrecht oder nach links geneigt sein.
Horizontale Strichelemente an den Grundstrichen bezeichnet man als Serifen. Sie können z.B. schräg oder gerade angesetzt, fein, fett oder gerundet sein.
In der Gruppe V der DIN-Norm 16518 sind z.B. die serifenbetonten Linear-Antiqua-Schriften zusammengefasst (früherer Name für diese Schriften: Egyptienne), in der Gruppe VI die serifenlosen Linear-Antiqua-Schriften (früherer Name für diese Schriften: Grotesk).

Woran ist eine klassizistische Antiqua zu erkennen?

Die Schriftzeichen zeigen starke Unterschiede im Duktus. Die Serifen sind ohne Rundung rechtwinklig an die Buchstaben angesetzt. Die Achse der Rundungen ist senkrecht. Bekannte Schriften sind die BODONI und die WALBAUM.

Wie wird der Schriftgrad (Schriftgröße) angegeben?

Seit dem 1. Januar 1978 ist die Angabe nach dem metrischen System (mm oder cm) vorgeschrieben. In der Praxis wird jedoch weiterhin die Punktangabe verwendet. Diese beruht auf dem typografischen Maßsystem nach Didot, nach dem ein typografischer Punkt 0,376 mm beträgt. Gemessen wird von der Oberlänge der Schrift bis zur Unterlänge (z.B. ¯Mj_). Für Bücher, Zeitungen und Zeitschriften haben sich Standardschriftgrößen durchgesetzt: 8 bis 12 Punkt. In der modernen Satztechnik ist eine stufenlose Einstellung der Schriftgrößen möglich (z.B. 8 1/2 Punkt).

Was bedeuten Lesegröße und Konsultationsgröße bei einer Druckschrift?

Schriften zwischen 8 und 12 Punkt sind in Lesegröße gesetzt. Schriften unter 8 Punkt, häufig mit geringem Durchschuss (Zeilenabstand), sind Konsultationsgrößen. Sie werden für Nachschlagewerke, Fußnoten, Register u.Ä. verwendet, die um Auskunft befragt (konsultiert) werden.

Im Satzauftrag wird dem Setzer die Grundschrift vorgegeben. Was ist damit gemeint?

Die Grundschrift bezeichnet die Standardschrift eines Druckwerkes, mit der der größte Teil des Textes gesetzt wird. Die Grundschrift wird auf der Satzanweisung in Verbindung mit der Schriftgröße und dem Durchschuss genannt (z.B. Garamond 10/12 Punkt). Einige Verlage geben im Impressum die Grundschrift an.

Warum ist mit Sorgfalt der Durchschuss zu bestimmen?

Der Durchschuss ist in Verbindung mit der Schriftgröße für die Lesbarkeit von Bedeutung. Ein zu geringer Durchschuss oder ein fehlender Durchschuss (kompresser Satz) können das Auge des Lesenden beim Entlanggleiten an der Zeile ermüden. Der Durchschuss wird zusammen mit der Schriftgröße genannt (z.B. 9/11 Punkt bedeutet eine Schriftgröße von 9 Punkt mit einem Durchschuss von 2 Punkt). Kompresser Satz wird bei einer 9-Punkt-Schrift mit 9/9 Punkt angegeben.

Wodurch unterscheiden sich Mediävalziffern von Normalziffern?

Bei den Mediävalziffern haben einige Ziffern eine auffallende Unterlänge (z.B. 327). Sie wirken graziöser als Normalziffern (z.B. 327). Nicht alle Antiquaschriften haben einen Mediävalschnitt. Serifenlose Schriften kennen keine Mediävalziffern.

Nach welchen Kriterien wird die Schriftart für ein Druckwerk ausgewählt?

- Nach dem Inhalt (z.B. Kriminalroman) und dem Zweck (z.B. Lesen zur Entspannung).
- Nach dem Lesealter (z.B. überwiegend jugendliche Leser).
- Nach der Lesegewohnheit bzw. Lesefertigkeit (z.B. Gelegenheitsleser, die überwiegend in öffentlichen Verkehrsmitteln lesen).
- Nach satztechnischen Erwägungen (z.B. muss der zum Lieferantenstamm zählende Satzbetrieb die gewünschte Schriftart besitzen oder anschaffen wollen).

Wie ist der Satzspiegel definiert?

Der Satzspiegel ist die Fläche auf einer Buchseite, die für den Druck zur Verfügung steht; festgelegt wird Höhe und Breite; begrenzt wird der Satzspiegel von Kopf-, Fuß-, Bund- und Randsteg. Satzspiegel können von splendid (großzügig) bis ausgenutzt (viel Text auf einer Buchseite) gestaltet sein. Ein ideales Verhältnis von bedruckter zu unbedruckter Fläche ergibt sich aus der Anwendung des „goldenen Schnitts".

Was versteht man unter einer Rubrik?

Rubrik ist die ursprüngliche Bezeichnung für eine Kapitelüberschrift. In Tageszeitungen sind Rubriken feststehende Überschriften, unter denen verschiedene Beiträge zusammengefasst werden (z.B. „Aus aller Welt").

Was ist ein Initial?

Das Initial (oder die Initiale) ist ein hervorgehobener Anfangsbuchstabe zu Beginn eines Kapitels (z.B. durch besondere Größe, eine andere Farbe, eine Verzierung). Er kann beispielsweise über die Zeile hinausragen,

Der Gärtner ging in den Garten
um seine Blumen zu holen ...

oder in die Zeile eingebaut sein,

Der Gärtner ging in den Garten
um seine Blumen zu holen ...

Das Initial hat nur Schmuckfunktion.

Warum empfiehlt es sich, Einzüge zu setzen?

Wenn die erste Zeile eines Absatzes etwas eingerückt beginnt, wird der Absatzbeginn vor allem dem wenig geübten Leser deutlich sichtbar. Beim Flattersatz ist ein Einzug unbedingt notwendig, um einen Absatz eindeutig wahrnehmen zu können.

Was versteht man unter einem lebenden Kolumnentitel?

Der lebende Kolumnentitel ist eine Seitenüberschrift, die häufig zusammen mit der Seitenzahl innerhalb des Satzspiegels am Kopf der Kolumne steht. Der lebende Kolumnentitel gibt den Inhalt der Seite oder des Kapitels an. Er ist vor allem in wissenschaftlichen Werken sowie Fachbüchern, Sammelwerken oder in Zeitschriften für den Leser nützlich. Wird nur die Seitenzahl (Pagina) angegeben oder der Titel des Buchs in bestimmten Abständen wiederholt, spricht man vom toten Kolumnentitel.

Welche Teile stehen außerhalb des Satzspiegels?

Pagina (Seitenzahl) oder Kolumnenziffer, Marginalien (Randbemerkungen), Hilfszeichen für Druck- und Weiterverarbeitung (z.B. „4 – Der Verlag"; die Zahl ist die Bogensignatur bzw. Bogenzahl; „Der Verlag" ist die Bogennorm bzw. der Buchtitel in Kurzform), Zeilenzähler (fortlaufende Zeilenzählung, z.B. bei kritischen Ausgaben).

Warum verteuern Marginalien die Herstellung eines Druckwerkes?

Es muss ein schmaler Satzspiegel gewählt werden. Damit erweitert sich der Umfang, und die Kosten für Papier, Druck- und Bindearbeiten steigen. Verwendet werden sie in wissenschaftlichen Werken oder Lehrbüchern.

Wie lauten die Fachbezeichnungen für die Groß- und Kleinbuchstaben?

Großbuchstaben werden Versalien (historische Bezeichnung „Majuskeln“), Kleinbuchstaben Gemeine (historische Bezeichnung „Minuskeln“) genannt.

Welche Bedeutung haben Kapitälchen?

Kapitälchen sind Buchstaben einer Antiquaschrift in der Form von Versalien, aber in der Höhe der Kleinbuchstaben (z.B. PRÜFUNG). Kapitälchen sind beliebt als Überschriften und zur Hervorhebung einzelner Begriffe im laufenden Text (Auszeichnung). Es ist zwischen einem echten Kapitälchenschnitt zu jeder gängigen Schriftgröße und der Verwendung normaler Versalbuchstaben im kleineren Schriftgrad zu unterscheiden.

Wie können kursive Schriften in Druckwerken verwendet werden?

Bei *kursiven Schriften* stehen die Buchstabenachsen schräg zur Schrift(Grund-)linie. Kursive Schriften sind beliebte Auszeichnungsschriften innerhalb eines laufenden Textes mit dezentem Charakter. Sie werden auch verwendet, um längere Passagen vom Grundtext abzuheben (z.B. einen Brieftext innerhalb eines Romans). Man unterscheidet zwischen einem echten Kursivschnitt und einer auf elektronischem Wege gekippten Schrift.

Welche Auszeichnungen können in Druckwerken außer Kapitälchen und Kursivdruck sonst noch verwendet werden?

Fett- oder **Halbfettdruck**, S p e r r e n, VERSALIEN, Unterstreichen, Verwendung einer Zweitfarbe, Verwendung einer anderen Schriftart oder Schriftgröße, Unterlegen mit Farb- bzw. Rasterflächen. Bei der Verwendung einer Zweitfarbe erhöhen sich die Druckkosten.

Wie können Auszeichnungen im laufenden Text auf den Leser wirken?

Auszeichnungen (z.B. VERSALIEN) hemmen den Lesefluss. Dadurch sollen sich die hervorgehobenen Begriffe dem Leser besser einprägen.

Welche Funktion hat die Fußnote?

Die Fußnote gibt einen ergänzenden Hinweis zu einem Textabschnitt, z.B. Quellenangabe, Worterklärung. Sie steht häufig am Fuß der Seite innerhalb des Satzspiegels. Mit der betreffenden Textstelle ist sie durch Zahlen, Sternchen o.Ä. verbunden. In der Regel wird die Fußnote in einem kleineren Schriftgrad gesetzt und kann mit einer kurzen Linie vom Haupttext abgehoben werden. Bei wissenschaftlichen Werken dürfen Fußnoten keinesfalls fehlen.

Was kann einen Hersteller veranlassen, Anmerkungen zum Text nicht als Fußnoten, sondern zusammengefasst an den Schluss des Textteils zu stellen?

Die Zuordnung der Fußnoten unter den Text kann, wenn diese sehr häufig vorkommen und umfangreich sind, die Umbrucharbeiten erschweren und verteuern. Im Anhang können diese fortlaufend gebracht werden. Allerdings wird dadurch die Lesbarkeit erschwert.

Welche Teile gehören zum Anhang eines in der Regel wissenschaftlichen Werkes?

In den Anhang können folgende Buchteile gestellt werden, die den Textteil ergänzen: Anmerkungen zum Text (falls nicht bereits als Fußnoten unter dem Text angebracht), Register, Literatur- und Quellenverzeichnis, Pläne und Tafeln. Der Anhang wird häufig in einem kleineren Schriftgrad gesetzt.

Warum ist ein Register in einem wissenschaftlichen Werk wichtig?

Das Register dient zum schnellen Nachschlagen gesuchter Begriffe im Textteil. Es gibt Personen-, Sach-, Orts- und Gesamtregister. Es ist mehrspaltig gesetzt; bei mehreren Seitennennungen wird die wichtigste Seite hervorgehoben, z.B. halbfett.

Welche Anordnung der Bildunterschriften (Legenden) kann die Lesbarkeit eines Druckwerkes erschweren?

Eine Erschwernis tritt immer dann ein, wenn Legenden nicht in unmittelbarer Nähe der Abbildungen stehen, sondern, wie häufig in Bildbänden, zusammengefasst am Schluss. Der Leser muss beim Betrachten eines Bildes jedes Mal blättern, um die Legende zu finden.

Was versteht man unter dem Umbruch?

Umbruch ist die Anordnung des fortlaufend gesetzten Textes (Fahne) zu Buchseiten. Es werden Textblöcke, Überschriften, Abbildungen, Fußnoten, Marginalien, Seitenzahlen usw. zu Buchseiten zusammengestellt.

Wie ist die Titelei eines Buchs aufgebaut?

- Schmutztitel (Kurzfassung des Haupttitels oder Verlagssignet);
- Schmutztitelrückseite (Vakatseite, d.h. unbedruckte Seite; bei Reihenwerken steht auf dieser

Seite der Reihentitel mit Bandbezeichnung; ist eine Abbildung vorhanden (z.B. Foto des Autors), wird diese Seite Frontispiz genannt;

- Haupttitelseite;
- Haupttitelrückseite (Impressumseite); das Impressum kann auch am Ende des Buchs stehen.

Vor dem eigentlichen Textbeginn können noch eine Widmung, ein Inhaltsverzeichnis und ein Vorwort stehen.

Welche Angaben stehen auf der Haupttitelseite eines Buchs?

Name des Verfassers (in der Regel ohne persönliche Titel), Haupttitel mit Untertitel, Verlagsname und Verlagsort, Auflagenbezeichnung, Name des Illustrators oder Übersetzers.

Welche Angaben stehen auf der Haupttitelrückseite eines Buchs?

Impressum mit dem Copyright-Vermerk, Auflagenbezeichnung, Name der Satz-, Druck- und Bindefirma, CIP-Vermerk, ISBN, Name des Umschlaggestalters. Es können darüber hinaus noch weitere Angaben stehen wie: Angaben zur Schriftart, Papierqualität (z.B. säurefreies Werkdruckpapier), Name des Lektors und Buchgestalters usw.

Auf welche Weise kann errechnet werden, welchen Buchumfang ein Manuskript ergibt?

$$\frac{\text{Anschläge des gesamten Manuskripts}}{\text{Anschläge einer Buchseite}} = \text{Buchumfang}$$

Die Anschläge des gesamten Manuskriptes errechnen sich aus:
Durchschnittliche Anschläge der Manuskriptzeilen x Anzahl aller Zeilen des Manuskripts.

Die Anschläge einer Buchseite errechnen sich aus:
Durchschnittliche Anschläge der Buchzeile x Anzahl der Zeilen einer Buchseite.

Es sind die Wortzwischenräume als Anschläge mitzuzählen. Zum errechneten Gesamtumfang müssen die Titelei, der Anhang und ggf. die Abbildungen hinzuaddiert werden. Bei Erfassung auf Diskette kann die Anzahl der Zeichen auf dem Bildschirm erkannt werden. Eine sorgfältige Umfangsberechnung ist die Voraussetzung für eine stimmige Vorkalkulation.

Welche Formen der Zeilenanordnung können beim Setzen eines Textes verwendet werden?

- Blocksatz: Alle Zeilen sind gleich lang; das wird erreicht durch Variieren der Wortabstände (ausschließen).
- Flattersatz: Die Zeilen sind unterschiedlich lang, die Wortabstände gleich groß. Beim linksbündigen Flattersatz beginnen die Zeilen auf derselben Höhe, beim rechtsbündigen Flattersatz enden sie auf derselben Höhe.
- Mittelachsensatz (axialer oder zentrierter Satz): Alle Elemente einer Buchseite sind um die Mittelachse der Satzspiegelbreite angeordnet.

Welchen Eindruck kann der Blocksatz dem Leser vermitteln?

Der Blocksatz mit gleich langen Zeilen wirkt klassisch-ruhig. Er schafft symmetrische Flächen und ermöglicht eine klare Zuordnung von Text- und Bildteilen.

Wann spricht man von einem gut ausgeschlossenen Satz?

Gut ausgeschlossen ist ein Satz, bei dem die Wortzwischenräume gleichmäßig groß gehalten werden. Der so genannte Drittelsatz, d.h. der Wortzwischenraum, beträgt 1/3 der Schriftgröße und wird als harmonisch empfunden.

Was ist mit dem Begriff Corporate Design gemeint?

Unter Corporate Design (CD) wird das Erscheinungsbild einer Zeitung, Zeitschrift oder einer Buchreihe verstanden. Dieses muss unverwechselbar sein und den Betrachter emotional positiv ansprechen. Wichtige Gestaltungselemente sind vor allem Form und Farbe. Eine Buchreihe mit einem unverwechselbaren CD ist z.B. Reclams Universalbibliothek.

Satz-, Reproduktions- und Drucktechnik

Welche Möglichkeiten gibt es, einen Text zu setzen?

Grundsätzlich bieten sich zwei Möglichkeiten an:

- **Bleisatz** in Form von Handsatz und Maschinensatz; Maschinensatz wiederum in Form von Linotype (Zeilen-Gussmaschine) und Monotype (Einzelbuchstaben-Gussmaschine).
- **Bleiloser Satz** in Form von Fotosatz (mithilfe von Licht werden Zeichen aller Art auf lichtempfindliches Material übertragen; Matrizendurchleuchtung) und Lichtsatz (hier existieren keine Schriftbildträger mehr; die digitalisierten Zeichen werden mithilfe einer Kathodenstrahlröhre auf lichtempfindliches Material belichtet; Kathodenstrahlbelichtung).

Bleisatzverfahren werden heute kaum mehr verwendet; sie sind zeitaufwändig und damit teuer. Den Handsatz findet man noch bei Gelegenheitsdrucken (Akzidenzien). Die Linotype, ursprünglich eingesetzt bei der Zeitungsherstellung, ist noch in Spezialbereichen im Einsatz, z.B. Formularsatz. Die Monotype, von jeher eingesetzt bei der Buchherstellung, wird noch verwendet bei bibliophilen Druckwerken in niedriger Auflage.

Foto- und Lichtsatz haben kaum mehr wirtschaftliche Bedeutung, weil von leistungsfähigen Layoutprogrammen aus, wie z.B. PageMaker und QuarkXPress, Laserbelichtungen auf Offset-Filmmaterial durchgeführt werden können. Mit diesen Programmen lassen sich Texte und Bilder zu gestalteten Seiten zusammenführen.

Welche wesentlichen Vorteile bieten Layoutprogramme?

Mithilfe dieser Programme wird die Seitengestaltung von Druckwerken auf dem Bildschirm elektronisch ausgeführt. Verschiedene, separat bearbeitete Textgruppen wie Fließtext und Tabellen, lebende Kolumnentitel und Abbildungen mit Bildlegenden werden nach einem angelegten Layout passgenau zueinander gestellt.

Was versteht man unter Computergrafik?

Mithilfe von Grafikprogrammen wie Freehand, Designer u.a. können aus elektronischen Bausteinen wie Rechtecken, Ellipsen usw. ein- und mehrfarbige Abbildungen angelegt werden. Auch freie Zeichnungen mit Farbverläufen sind möglich.

Welche Bedeutung hat DTP für die Druckvorlagenherstellung?

Mit Desktop-Publishing-Systemen werden alle Arbeiten ausgeführt, die bis zur Herstellung von Druckvorlagen (z.B. Belichtung auf Film) notwendig sind. Diese umfassen die Erfassung von Texten und Bildern, deren Bearbeitung und das Zusammenstellen von ganzen Druckseiten (Text-/Bildintegration/elektronischer Bildschirmumbruch) bis zum Imprimatur (Druckfreigabe). Eine strenge Trennung von Satz- und Reproarbeiten ist damit nicht mehr möglich.

Welche Vorteile kann die integrierte Text-/Bildverarbeitung bieten?

Fotos oder Grafiken, im Scanner aufgezeichnet, und Textblöcke, online oder offline erfasst, werden in den Rechner übertragen. Auf dem Bildschirm werden Bilder und Texte sichtbar und können einander zugeordnet werden. Erst wenn die Zuordnung zur Zufriedenheit ausgefallen ist, wird der Film belichtet.

Welche Möglichkeiten bieten sich an, das Schriftbild zu modifizieren?

Mit dem DTP-System lassen sich Schriftzeichen abweichend von der Normalgestaltung (Grundschnitt) schmal und weit stellen. Mit der Schmalstellung lässt sich beispielsweise der Umfang eines Druckwerkes ohne redaktionelle Textkürzungen reduzieren. Weitere Modifikationen sind Schrägstellung in Links- oder Rechtslage, Buchstabenschatten, Verzerrungen, Anordnung der Buchstaben in Kreisform, in Wellenform usw.

Welche wichtigen Arbeiten können mit einem Textverarbeitungsprogramm automatisch ausgeführt werden?

Verbreitete Programme sind MS-WORD, Wordstar, WordPerfect u.a.

- Mit diesen können viele Arten von Korrekturen ausgeführt werden: Überschreiben und Löschen von Texten, Versetzen von Textblöcken, Abgleichen von Texten mit einem Rechtschreibprogramm.
- Automatische Silbentrennung beim Blocksatz (Silbentrennprogramm).

- Einheitliche Wortabstände (Ausschließprogramm).
- Richtige Buchstabenreihenfolge, z.B. „its" wird automatisch zu „ist".
- Texte auszeichnen, z.B. Kursivstellung.
- Texte anordnen, z.B. Block- und Flattersatz, ein- und mehrspaltiger Satz, anaxiale und axiale Überschriftenanordnung.
- Automatische Alphabetisierung der Registerbegriffe (Registerprogramm).
- Setzen, Verschieben und Einfügen von Fußnoten.

Auf welchen Wegen kann der Text in ein Satzsystem eingegeben werden?

Man unterscheidet grundsätzlich zwischen der Online- und der Offlineeingabe.

- Onlineeingabe: Kompliziert strukturierte Texte wie Formeln oder Tabellen werden (häufig vom hoch qualifizierten Schriftsetzer) direkt in das System eingegeben. Dieses Verfahren ist teuer, weil es für die lange Zeit der Eingabe den Rechner blockiert.
- Offlineeingabe: Die Texte werden separat (häufig von Datentypistinnen oder Autoren) auf externen Datenträgern wie Disketten erfasst und als Ganzes in kurzer Zeit in das Satzsystem eingelesen.

Auf welche Weise können Abbildungen in ein DTP-System eingegeben werden?

Die Eingabe geschieht über einen Scanner. Die Vorlagen werden auf der Pixelebene zur weiteren Bearbeitung mit Bildbearbeitungsprogrammen gespeichert.

Was bedeutet der Begriff Pixel?

Aus Pixeln (Picture Elements) sind die einzelnen Rasterpunkte aufgebaut. Die Anzahl der Pixel wird in dpi (Dots per Inch) angegeben. Ein Inch hat die Länge von 2,54 cm. Die Anzahl dpi bestimmt die Qualität von Halbtonabbildungen. Je mehr Pixel ein Rasterpunkt hat, desto besser ist die Abbildungsqualität. Zur Bildbearbeitung, z.B. elektronischer Retusche, können die gewünschten Bildteile bis zur Pixelgröße auf dem Bildschirm dargestellt werden, die Bearbeitung geht auf der Pixelebene vor sich.

Wie arbeitet ein Laserstrahlbelichter?

Die digital im Rechner gespeicherten Daten (Schriften oder Bilder) werden mit dem Laserstrahl, einem gebündelten Lichtstrahl, auf der Pixelebene auf Fotopapier oder Filmmaterial belichtet. Die Filme dienen als Vorlagen für die jeweiligen Druckverfahren. Der Laserstrahlbelichter ist nicht mit dem Laserdrucker zu verwechseln.

Welche Manuskriptformen gibt es?

- Das **handgeschriebene** Manuskript: kommt heute kaum mehr vor; Manuskripte berühmter Autoren, wie z.B. von Thomas Mann oder Hermann Hesse, sind von besonderem Wert.
- Das **Schreibmaschinen**-Manuskript: Formvorgaben sind vom Autor zu berücksichtigen, um Verlag und Satzbetrieb die Arbeit zu erleichtern. Fortlaufende und nur wenig strukturierte Texte können i.d.R. über einen Scanner in den Rechner des PC eingelesen werden.
- Manuskripte in Form **bereits gedruckter** Texte.
- Das **elektronische** Manuskript: Der Text wird vom Autor auf PC erfasst.

Was versteht man unter Printing-on-Demand (PoD)?

PoD heißt Drucken nach Bedarf. Der Druck (Digitaldruck) erfolgt mit dem Laserdrucker, der mit dem DTP-System verbunden ist und in dem die fertigen Buchseiten mit Text- und Bilddaten gespeichert sind. Voraussetzung für PoD ist damit die durchgängige Digitalisierung der für PoD geplanten Druckwerke.

Für welche Titel ist der Einsatz von PoD sinnvoll?

PoD wird bei kleinen Auflagenhöhen verwendet, wie z.B. bei einer schlecht bestimmbaren Erstauflage bis hin zu nicht bestimmbaren Nachdruckauflagen. Auch bei wissenschaftlichen Werken, z.B. Dissertationen, wissenschaftlichen Abhandlungen ist der Einsatz dieses Verfahrens sinnvoll, ebenso bei der Herstellung von Vorab- oder Leseexemplaren.

Welche Vorteile bietet PoD den Verlagen?

Verlage können alle ihre Werke, vor allem wissenschaftliche Titel, unbegrenzt lieferbar halten. Kleine Auflagen können preisgünstig produziert werden. Die Kapitalbindung ist geringer, und die Lagerhal-

tungskosten sind niedriger. Das Auflagenrisiko wird minimiert.
Die Frage, in welchem Verfahren (Offsetdruck oder Digitaldruck) eine bestimmte Auflage kostengünstiger produziert werden kann, hängt vom individuellen Buchprojekt ab.

Welches Konzept verbirgt sich hinter Books on Demand (BoD)?

„Erst wird bestellt, dann gedruckt!"; als der Buchgroßhändler Libri 1998 Books on Demand einführte, eröffneten sich für Verlage und Autoren neue Perspektiven bei der Produktion von Büchern. Der Digitaldruck erlaubt es, Bücher erst dann herzustellen, wenn eine Bestellung vorliegt. Die einzelnen Bücher müssen aber typografisch aufbereitet, digital gespeichert und damit jederzeit verfügbar sein.
Books on Demand ist für jedermann offen. Verlage nutzen diese Technik, um z.B. vergriffene Titel wieder verfügbar zu machen. Studenten/Doktoranden können mit BoD kostengünstig wissenschaftliche Arbeiten veröffentlichen. Autoren können mit Werken, für die sich kein Verlag interessiert, in den Markt einsteigen. Universitäten können eigene Schriftreihen produzieren, und selbst Buchhandlungen können mithilfe dieser Technik Bücher über regionale Themen herstellen lassen und verkaufen. Heute sind mehrere Anbieter dieser BoD-Technik auf dem Markt.

Welchen Vorteil kann die Datenmehrfachnutzung für einen Verlag haben?

Die gesetzten und korrigierten Texte werden gespeichert. Bei Bedarf können sie wieder in das Satzsystem eingelesen und in anderer Form belichtet werden (z.B. in kleinerem Schriftgrad für eine Taschenbuchausgabe). Es werden die Erfassungs- und Korrekturkosten eingespart. Es verkürzt sich die Herstellungszeit. Außerdem reduzieren sich die Kosten im Herstellungs- und Lektoratsbereich wegen des verminderten Bearbeitungsaufwands.

Welche Vorteile hat das Computer-to-plate-Verfahren?

Mit diesem Verfahren, auch Direct-to-plate genannt, können die im Rechner des DTP-Systems gespeicherten Daten ohne den Umweg über die Filmherstellung direkt auf spezielle Offsetdruckplatten übertragen werden. Es werden Filmkosten und Formenmontage vermieden, und außerdem wird Produktionszeit gespart. Wird Datenpflege betrieben, so steht für eine Neuauflage eine aktuelle Version zur Verfügung.

Wer erteilt das Imprimatur?

Das Imprimatur wird vom Autor erteilt, der für den Inhalt seines Werkes verantwortlich ist. Mit dem Imprimatur wird der Satz für druckreif erklärt. Für eventuell im Text stehen gebliebene Unstimmigkeiten oder Fehler kann der Satzbetrieb nicht mehr haftbar gemacht werden.

Worauf ist beim Lesen der Fahnenkorrektur zu achten?

Als Fahnenkorrektur wird der erste Korrekturgang des gesetzten Textes bezeichnet, der noch nicht auf Satzspiegelhöhe gebracht worden ist. Kriterien sind: Übereinstimmung des gesetzten Textes mit dem Manuskript – orthographische und verständnisfreundliche Silbentrennungen, richtige Überschriftengestaltung u.Ä.
Bei guter Manuskriptvorbereitung wird man aus Kosten- und Termingründen den Fahnenlauf vermeiden und gleich umbrechen lassen.

Worauf muss beim Lesen der Umbruchkorrektur besonders geachtet werden?

Man hat besonders zu achten auf Satzspiegelhöhe, Paginierung, Fußnotenzuordnung, Vermeidung von „Hurenkindern" (die letzte Zeile eines Absatzes ist die erste Zeile der nächsten Seite), richtige Zuordnung von Text, Abbildungen, Bildunterschriften, lebenden Kolumnentiteln u.Ä.

Wodurch unterscheiden sich Vollton- und Halbtonbilder?

Volltonbilder zeigen gleichmäßig gedeckte farbige Flächen oder Striche (z.B. Holzschnitte, Zeichnungen).
Halbtonbilder zeigen kontinuierliche Tonwertabstufungen (z.B. Fotografien).

Wie kann eine Fotografie im Druck wiedergegeben werden?

Die Vorlage wird im Scanner oder der Reprokamera in einzelne Rasterpunkte zerlegt. Je nach Farbintensität werden breite oder spitze Rasterpunkte belichtet.

Was versteht man unter einem 28er Raster?

Die Vorlage wird in 28 x 28 Rasterpunkte = 784 Punkte pro cm^2 aufgelöst. (Bildqualität von Tageszeitungen).

Warum soll kein feiner Raster für eine Tageszeitung verwendet werden?

Das Zeitungspapier hat eine verhältnismäßig raue Oberfläche. Auf dieser können nicht alle Rasterpunkte ausdrucken, das Bild würde zerrissen wirken.

Welche Rasterweiten empfehlen sich für die einzelnen Papiersorten?

- Zeitungspapier: 28er- bis 36er-Raster
- Maschinenglattes Papier: 48er- bis 60er-Raster; mittlere Abbildungsqualität
- Satiniertes und gestrichenes Papier: 60er- bis 120er-Raster; hochwertige Abbildungen

Warum eignen sich gedruckte Vorlagen nicht für die Reproduktion von Schwarz-Weiß-Bildern?

Durch die erneut notwendige Aufrasterung der bereits gerasterten Vorlagen bildet sich ein störendes Moiré, ähnlich dem Muster eines Textilgewebes.

Welche Druckstöcke gibt es für den Druck von Bildern im Hochdruckverfahren?

Es werden Kunststoffklischees angefertigt (z.B. Nyloprint). Klischees von Halbtonbildern heißen Autotypien, Klischees von Volltonbildern werden Strichätzungen genannt.

Was versteht man unter einem Vierfarbdruck?

Ein Druckverfahren zur Wiedergabe von farbigen Halbtonbildern mit den Druckfarben der subtraktiven Farbmischung Gelb, Magenta, Cyan und Schwarz. Dazu kommt die weiße Papierfarbe als so genannte „fünfte Farbe“.

Wie kommen die Farbauszüge bei der Reproduktion von Farbfotos zustande?

Die Vorlage wird durch das Vorschalten von Farbfiltern in die vier Grundfarben zerlegt. Die Filter absorbieren diejenigen Farben, die in der Filterfarbe nicht enthalten sind:
Grünfilter: Magenta (Purpurrot)
Blaufilter: Gelb
Rotfilter: Cyan (Blauton)
Grün-Blau-Rotfilter (Graufilter): Schwarz (Tiefe)

Was versteht man unter einem Trommelscanner?

Der Trommelscanner ist ein elektronisch arbeitendes Gerät zur Herstellung von Farbauszügen. Die Vorlage wird zeilenweise abgetastet, durch Interferenzfilter (Farbauszugsfilter) in Farbanteile zerlegt und über einen Fotomultiplier in elektrische Signale umgewandelt, die in den Rechner eingegeben werden. Das Ergebnis kann sofort auf dem Bildschirm sichtbar dargestellt werden. Anschließend werden vier Filme für die vier Farben mittels eines Laserstrahls belichtet.

Welche Vorteile bietet die Scannertechnik?

- Hohe Belichtungsgeschwindigkeit
- Farbkorrektur über Rechnereingabe zur Vermeidung von manuellen Retuschen
- Scharfe Rasterpunkte bei der Laserstrahlbelichtung
- Elektronische Steuerung zur gleichmäßigen Bildwiedergabe von zusammengehörenden Bildtypen durch den Einsatz von Standardprogrammen
- Speicherung der Bilddaten zur Mehrfachbenutzung
- Möglichkeit der Bildkorrektur über ein integriertes Farbbildschirmterminal der elektronischen Bildbearbeitung

Welche Bedeutung hat ein Passer für den Vierfarbdruck?

Beim Vierfarbdruck müssen die Rasterpunkte der einzelnen Farben in einer bestimmten Anordnung nebeneinander stehen. Dafür werden die Raster der Farben in festgelegten Graden gedreht: Gelb 75 Grad, Magenta 45 Grad, Schwarz 15 Grad, Cyan 0 Grad. Es sind auch andere Gradeinteilungen möglich. Ein schlechter Passer erzeugt Farbverfälschung und macht das gedruckte Bild unscharf.

Was wird unter der Tätigkeit des Ausschießens verstanden?

Unter Ausschießen versteht man die Anordnung der einzelnen Seiten auf einem Druckbogen, damit sie nach dem Falzen in der richtigen Reihenfolge hintereinander stehen. Das Ausschießschema ist von der Falzart abhängig.

Was heißt Schön- und Widerdruck?

Beim zweiseitigen Druck eines Bogens wird die Seite des Druckbogens, auf der die erste Seite steht, Schöndruck genannt, die Rückseite Widerdruck

(Gegendruck). Für den Schöndruck wird die Filzseite (dem Sieb abgewandte Seite des Papiers), für den Widerdruck die Siebseite des Papiers verwendet.

Wie viele Seiten hat üblicherweise ein Buchbinderbogen?

Er umfasst in der Regel 16 Seiten, also acht Seiten Schöndruck und acht Seiten Widerdruck. Diese Bogen werden bei der Weiterverarbeitung dreifach gefalzt. Verarbeitet werden auch 32-seitige Bogen (Vierfachfalzung) und achtseitige Bogen (Zweifachfalzung).

Was verbirgt sich hinter dem Begriff des Nutzens?

Nutzen ist die Anzahl der Buchbinderbogen auf einem Druckbogen. Um Fortdruckkosten bei höheren Auflagen zu senken, wird in der Regel zu mehreren Nutzen auf großformatigen Druckmaschinen gedruckt.

Wie kann die Anzahl der Drucke errechnet werden?

Die Formel lautet:

$$\frac{\text{Auflage x Bogen}}{\text{Nutzen}} + \text{Zuschuss} = \text{Drucke}$$

Beispiel: Auflage 8.000 Exemplare, Umfang 256 Seiten, Druck zu 2 Nutzen, 10% Zuschuss (256 Seiten : 16 = 16 Bogen)

$$\frac{\text{8.000 Ex. x 16 Bogen}}{\text{2 Nutzen}} = \text{64.000 Drucke}$$

64.000 Drucke + 6.400 Zuschuss = 70.400 Drucke

Was versteht man unter der Druckformenmontage (Bogenmontage)?

Damit wird die Zusammenstellung der Text- und Bildfilme zu Druckvorlagen unter Berücksichtigung der Standangabe und des Ausschießschemas bezeichnet (konventionelle Druckplattenherstellung).

Wo findet der Hochdruck heute noch Anwendung?

Beim Hochdruckverfahren sind die druckenden Teile (Schrift, Rasterpunkte u.Ä.) erhaben, die nicht druckenden Teile liegen vertieft. Während man früher nahezu alles in dieser Drucktechnik hergestellt hat, wird sie heute nur noch vereinzelt bei Akzidenzen (Gelegenheitsdrucke) und bibliophilen Büchern in niedrigen Auflagen eingesetzt; gedruckt wird direkt vom Bleisatz.

Woran ist der Hochdruck zu erkennen?

Beim Betrachten durch die Lupe ist die Schrift leicht in das Papier eingeprägt (diese Einprägung lässt sich auf der Rückseite auch als Relief spüren, besonders an Stellen, die nicht bedruckt sind). Die Schriftränder zeigen Quetschungen. Auf der Bogenrückseite ist mitunter eine leichte Schattierung erkennbar.

Nach welchem Prinzip arbeitet der Offsetdruck?

Druckende und nicht druckende Teile liegen auf der Druckplatte auf einer Ebene (Flachdruck). Nach dem Prinzip der Abstoßung von Fett und Wasser nehmen die druckenden Teile der Platte die fetthaltige Farbe an, die nicht druckenden Teile werden befeuchtet und stoßen die Farbe ab. Die Farbe wird von der Platte zunächst auf einen Gummituchzylinder und von diesem auf das Papier übertragen (indirektes Druckverfahren).

Wo wird der Offsetdruck eingesetzt?

Er ist das beherrschende Druckverfahren für den Buch-, Zeitschriften- und Zeitungsdruck. Beim Druck von illustrierten Publikumszeitschriften in hoher Auflage steht er in Konkurrenz zum Tiefdruck. Bücher werden im Bogenoffsetdruck produziert, Zeitungen im Rollenoffsetdruck.

Wie kann das Prinzip des Tiefdrucks beschrieben werden?

Alle druckenden Elemente liegen vertieft als Näpfchen im Druckzylinder. Der Zylinder läuft durch ein Farbbad, die Näpfchen nehmen Farbe auf. Die überschüssige Farbe außerhalb der Näpfchen wird von einem Rakelmesser abgestreift. Beim Druck wird die dünnflüssige Farbe vom Papier aus den Vertiefungen herausgesaugt. Dafür ist spezielles Tiefdruckpapier notwendig.

Für welche Produkte wird der Tiefdruck eingesetzt?

Der verchromte Kupferzylinder erlaubt Auflagendrucke in Millionenhöhe bei gleich bleibender Druckqualität. Deshalb werden vor allem Werbedrucksachen in hoher Auflage, Publikumszeitschriften und Versandhauskataloge im Tiefdruck hergestellt. Gedruckt wird fast ausschließlich im Rollenrotationsdruck.

Wodurch unterscheidet sich die Druckqualität bei Offset- und Tiefdruck?

Offsetdruck: scharfe Wiedergabe von Schrift, Linien und Rasterpunkten.
Tiefdruck: Schriftränder und Linien sind ausgefranst. Die Farben bei Halbtonbildern laufen ineinander und erzeugen dadurch fast „echte" Halbtöne.

Für welche Produkte werden überwiegend Bogendruckmaschinen und Rollenrotationsmaschinen eingesetzt?

Bogendruckmaschinen: Es werden Drucksachen aller Art wie Bücher und Zeitschriften in niedrigen bis mittleren Auflagenhöhen gedruckt.
Rollenrotationsmaschinen: Vom Rollenpapier (Endlosdruck) werden Drucksachen wie Zeitungen, Zeitschriften und Bücher in hohen Auflagenhöhen gedruckt. Häufig ist der Druckmaschine ein Falzwerk angegliedert.

Wie ist der Siebdruck zu definieren?

Der Siebdruck ist ein Schablonendruckverfahren. Auf dem Sieb sind die nicht druckenden Teile farbundurchlässig abgedeckt. Nur an den durchlässigen Stellen kann sich die Farbe durch das Sieb auf dem Bedruckstoff absetzen. Lange Trocknungszeit der Farbe verhindert einen schnellen Druckablauf. Grundsätzlich können alle Materialien im Siebdruckverfahren bedruckt werden: Plastikbuchdecken, Folienumschläge, Überzugsleinen. Auch großflächige Plakate in niedriger Auflage werden im Siebdruckverfahren kostengünstig gedruckt.

Welche Vorteile hat die elektronische Drucküberwachung?

Mit dem elektronischen Kontroll- und Steuerungssystem CPC (Computer Print Control) wird die Farbdichte auf den mitgedruckten Kontrollstreifen gemessen und die einheitliche Farbgebung gesteuert.

Papier und Papierherstellung

Was bestimmt im Wesentlichen die Qualität des Papiers?

Die Qualität des Papiers ist von der Stoffzusammensetzung abhängig. Papiere, die überwiegend Holzschliff enthalten, bezeichnet man als holzhaltige Papiere. Holzfreie Papiere sind aus Zellstoff hergestellt und Hadernpapiere aus Hadern (Lumpen).

Wodurch zeichnen sich holzfreie Papiere aus?

Der Faserrohstoff ist Zellulose (Zellstoff). Bei der Zelluloseherstellung werden mittels eines Kochvorgangs Lignin und Harze chemisch aus dem Holz herausgelöst. Holzfreie Papiere vergilben kaum, haben eine hohe Reißfestigkeit, sind alterungsbeständig und weisen einen hohen Weißegrad auf bzw. lassen sich gut einfärben. Sie werden für die Buchherstellung und als Schreibpapier verwendet.

Was bedeutet Alterungsbeständigkeit des Papiers?

Das Papier bzw. das damit hergestellte Druckwerk muss eine Lebensdauer von mindestens 100 Jahren bei schonender Behandlung in nicht klimatisierten Räumen haben. Viele Verlage geben im Impressum Hinweise auf die Alterungsbeständigkeit des verwendeten Auflagenpapiers.

Welche Nachteile kann ein holzhaltiges Papier für die Herstellung von Druckwerken haben?

Das holzhaltige Papier hat einen hohen Holzschliffanteil. Holzschliff enthält Lignin, das unter Lichteinwirkung Papier vergilben lässt. Durch Einwirkung von Luft wird das Papier spröde und zerfällt.

Welche Zusatzstoffe werden dem Papierfaserrohstoff (Halbzeug) zugegeben?

- Füllstoffe, wie z.B. Kaolin (Porzellanerde), Kreide und gemahlener Kalkstein
- Hilfsstoffe, wie z.B. Leim und Farbstoffe und als wichtigster Hilfsstoff
- Wasser

Welche Eigenschaften muss das Tiefdruckpapier haben?

- Satinierte Oberfläche für eine gute Bildpunktwiedergabe
- Saugfähigkeit, um die Farbe aus den Näpfchen zu ziehen
- Reißfestigkeit wegen des Durchlaufs durch schnell druckende Rotationsmaschinen

Warum werden heute chlorfrei gebleichte Papiere verwendet?

Beim Bleichen des Faserrohstoffs verwendete man früher Chlor oder eine Chlorverbindung, wodurch das Abwasser belastetet wurde. Heute wird dazu häufig umweltunschädlicher Sauerstoff zum Bleichen von Zellstoff und Wasserstoffperoxid zum Bleichen von Holzschliff und Recyclingmaterial eingesetzt.

Welche Bedeutung hat säurefreies Papier?

Bei säurehaltigen Papieren zerfällt die Leimung zu Schwefelsäure, die das Papier von innen heraus zersetzt und damit das Druckwerk zerstört. Neutral geleimte Papiere mit zugegebenen Säurepuffern haben einen Wert von mehr als 7pH.

Welche Bedeutung kommt dem Recyclingpapier zu?

Dieses Papier wird aus Altpapier hergestellt. Wegen der erneuten Faseraufschließung beim Zermahlen des Altpapiers werden die Papierfasern verkürzt und gebrochen. Daher hat Recyclingpapier eine geringere Haltbarkeit. Häufig wird Altpapier anderen Papiersorten zugegeben. Zeitungspapier wird mit ca. 85% Altpapieranteil produziert.

Was sind maschinenglatte Papiere?

Es sind unbehandelte Papiere. Die Oberfläche ist so belassen, wie sie aus der Papiermaschine kommt, daher leicht aufgeraut. Häufig kann man die Sieb- und die Filzseite erkennen. Die Siebseite ist die dem Sieb der Papiermaschine zugewandte Seite, in die sich leicht das Siebmuster eindrückt. Die Filzseite ist die dem Sieb abgewandte Seite. Sie heißt auch Schöndruckseite.

Welche Papiere werden als Werkdruckpapiere bezeichnet?

Es sind maschinenglatte Papiere, die überwiegend für den Druck von Büchern und Zeitschriften ohne Abbildungen verwendet werden. Das Grammgewicht liegt zwischen 70 und 110 g/qm, das Volumen liegt zwischen ein- und zweifachem Volumen.

Welche Bedeutung hat die Opazität des Papiers?

Opazität ist das Fachwort für die Lichtundurchlässigkeit des Papiers, die vom Anteil der Füllstoffe beeinflusst wird. Je weniger Füllstoffe dem Papier zugesetzt werden, desto durchscheinender ist das Papier. Durchscheinendes Papier kann die Lesbarkeit erschweren, weil Schrift und Bilder der Rückseite zu sehen sind.

Was bewirkt die Satinage beim Papier?

Die Satinage gehört zur Papierveredelung. Beim Satinieren wird die Papierbahn zwischen heißen Stahlwalzen (Kalander) hindurchgeführt, was dem Papier Glanz und Glätte verleiht („Bügeleffekt“). Es findet vor allem Verwendung bei der Herstellung von illustrierten Massendrucksachen.

Bei welchen Produkten kommen gestrichene Papiere zum Einsatz?

Das Streichen von Papieren ist eine weitere Form der Veredelung. Auf maschinenglattes Papier wird eine Streichmasse (Kaolin, Kreide u.a.) glänzend oder matt aufgetragen und damit eine glatte Papieroberfläche erzeugt. Diese Papiere sind geeignet zum Druck von hochwertigen Halbtonbildern mit feinem Raster. Man nennt sie auch Kunstdruckpapiere.

Wodurch unterscheidet sich die Anwendung von hoch glänzenden und matt glänzenden Kunstdruckpapieren?

Hoch glänzende Papiere: Sie ermöglichen eine brillante Bildwiedergabe; der Spiegelungseffekt, vor allem beim Lesen unter Kunstlicht, kann die Lesbarkeit beeinträchtigen.
Matt glänzende Papiere: Sie können eine leicht stumpfe Bildwiedergabe bewirken; der lästige Spiegeleffekt wird vermieden.

Welches Papier eignet sich für den Druck von Halbtonabbildungen?

Es muss eine glatte Oberfläche haben. Es werden satinierte oder gestrichene Papiersorten eingesetzt.

Warum muss die Laufrichtung des Papiers beachtet werden?

Die Papierfasern ordnen sich bei der Papierherstellung in der Strömungsrichtung der Papiermasse auf dem Langsieb der Papiermaschine. Diese Anordnungsrichtung wird Laufrichtung genannt. Das Papier ist in Laufrichtung zug- und falzfester als in der quer dazu verlaufenden Dehnrichtung, in der sich Papier bei Feuchtigkeitsaufnahme auch dehnen bzw. wellen kann. Deshalb muss die Laufrichtung parallel zum Bund sein, damit sich die Blätter im Bund, z.B. bei der Berührung mit Buchbinderleim, nicht wellen und sich das Buch gut aufschlagen lässt.

Außerdem ist dadurch gewährleistet, dass bei einer Klebebindung die Blätter nicht so leicht aus der Bindung fallen.

Welche Papiere eignen sich für die einzelnen Druckverfahren?

- Hochdruck: alle Arten
- Flachdruck: oberflächengeleimtes, staubfreies Papier
- Tiefdruck: saugfähiges, in der Regel satiniertes Papier
- Siebdruck: alle Arten

Welche Papiere eignen sich besonders gut für den Offsetdruck?

Zur Vermeidung von Papierstaub, der sich auf dem Gummituch festsetzt und zum öfteren Waschen zwingt (teurer Maschinenstillstand), sollten die Papiere gut geleimt sein.

Buchbindearbeiten

Was versteht man unter gebundenen Büchern?

Sie werden aus dem Buchblock und der festen Buchdecke zusammengesetzt, die durch die Vorsätze miteinander verbunden sind. Sie haben einen Hohlrücken. Die Buchdecke besteht aus dem Vorder- und Hinterdeckel und der biegsamen Rückeneinlage. Diese drei Teile werden mit einem Überzugsmaterial „kaschiert", von dem sich die Einbandbezeichnung herleitet, z.B. Leinenbände (Gewebeüberzug), Pappbände (Papierüberzug), Lederbände (Lederüberzug). Bei einem Halbleinenband ist nur der Buchrücken aus Leinen. Andere Begriffe für gebundene Bücher sind Hardcover oder Deckenbände.

Welche Eigenschaften muss das Vorsatzpapier haben?

Es verbindet den Buchblock mit der Buchdecke. Aus diesem Grund muss das Papier reißfest sein. Außerdem soll es beim Aufschlagen eines Buchs gefällig wirken. Daher stimmt man das Vorsatzpapier mit dem Einband ab.

Wie wird der Buchblock hergestellt?

Die einzelnen Bogen werden gefalzt, an den ersten und letzten Bogen die Vorsätze angeklebt, zusammengetragen, geheftet; dann wird der Buchblock verarbeitet (geleimt, begazt, gepresst, beschnitten). Eventuell wird der Rücken gerundet und ein Kapitalband angeklebt.

Warum ist die Flattermarke für den Buchbinder wichtig?

Die Flattermarke ist ein auf den Rücken des Bogens gedruckter Balken. Beim richtigen Zusammentragen müssen die Flattermarken treppenförmig zu sehen sein. Sie erleichtern es dem Buchbinder, die richtige Bogenreihenfolge zu erkennen.

Wie könnte ein gebundenes Buch herstellerisch noch verziert werden?

Durch Prägungen (Blind-, Farb- oder Goldprägungen), durch Farb- oder Goldschnitt, durch ein Lesebändchen.

Welche Funktion erfüllt der Schutzumschlag?

Ursprünglich war es seine Aufgabe, den Einband zu schützen. Heute soll der Schutzumschlag durch auffallende typografische Gestaltung, häufig mit Farbfotografien, vor allem zum Kauf anreizen. Der Klappentext bringt Informationen zu Buch und Autor und zeigt weitere Buchtitel an.

Was kennzeichnet eine Broschur?

Im heutigen Wortsinn wird die Bezeichnung „Broschur" bzw. „broschiert" für Bücher gebraucht, um deren Buchblock ein (meist bedruckter) Kartonumschlag gelegt wird, der am Rücken fest angeklebt ist. Bei diesen „kartonierten" Büchern wird der Kartonumschlag mehrfach gerillt, damit sie sich besser aufschlagen lassen; es wird auch die Bezeichnung Paperback verwendet. Der besseren Haltbarkeit wegen kann der Umschlag mit einer Glanz- oder Mattfolie überzogen werden (Laminierung).
Eine besondere Form der Broschur ist die englische Broschur (unbedruckter Kartonumschlag mit am Rücken oder an den Klappen festgeklebtem Schutzumschlag).

Warum ist die Fadenheftung besonders gut haltbar?

Der Heftfaden wird an mehreren Stellen durch die Bogenmitte gezogen und mit den Nachbarbogen verknüpft. Dadurch wird eine hohe Elastizität am Buchrücken beim Aufschlagen eines Buchs erreicht. Fadenheftung ist die teuerste Heftart und wird für

Bücher verwendet, die stark beansprucht und/oder lange halten sollen, wie z.B. Schulbücher, Atlanten, Nachschlagewerke, aber auch für bibliophil aufgemachte Bücher, z.B. Klassikerausgaben.

Für welche Produkte empfiehlt sich eine Spiralheftung?

Spiralheftung wird für alle Druckwerke verwendet, die offen aufgeschlagen liegen bleiben sollen, z.B. Kalender, Schriftmusterbücher.

Was versteht man unter Lumbecken?

Damit ist die Klebebindung gemeint. Die gefalzten Bogen werden aufeinander gelegt und zuerst am Bund aufgefräst oder aufgeschnitten und mit Klebstoff bestrichen. Dabei soll der Klebstoff ca. 1mm tief zwischen die Blätter eindringen. Die Klebebindung ist kostengünstig und bei richtiger Anwendung auch relativ haltbar. Man findet sie vor allem bei Taschenbüchern und Paperbacks, aber auch zunehmend bei Büchern mit festem Bucheinband. Nach ihrem Erfinder E. Lumbeck wird die Klebeheftung auch Lumbeckverfahren genannt.

Welche Leimarten werden für die Klebebindung hauptsächlich verwendet?

- Hotmelt (lösungsmittelfreier Schmelzkleber): geringe Alterungsbeständigkeit, dafür billiger;
- Dispersionskleber: höhere Alterungsbeständigkeit, dafür teurer;
- Polyurethankleber (PUR), der die Vorteile von Hotmelt und Dispersionskleber vereinigt, aber aufwändig zu verarbeiten ist.

Wie wird eine Rückenheftung angefertigt?

Die ineinander gesteckten Lagen werden mit einem flexiblen Kartonumschlag versehen und durch den Falzrücken in der Regel mit Drahtklammern von außen nach innen geheftet. Diese Heftungsart ist typisch bei Zeitschriften. Werden die einzelnen Lagen aufeinander gelegt und seitlich mit Drahtklammern geheftet, spricht man von Blockheftung; gebräuchlich vor allem bei Kalendern.

Wie kann der Titel auf dem Buchrücken eines Leineneinbands angebracht werden?

Es gibt folgende Möglichkeiten:

- Aufdruck im Siebdruckverfahren; Voraussetzung ist eine feine Leinenstruktur.

- Aufprägung mit Farb- oder Goldfolie, Blindprägung ohne Farbe und Reliefprägung.

Mit welchen buchbinderischen Mitteln kann auf ein Buch im Schaufenster besonders aufmerksam gemacht werden?

Umlegen einer Buchschleife (Bauchbinde) in auffallender Farbe mit werbendem Aufdruck (z.B. Friedenspreisträger des Deutschen Buchhandels).
Einsteckschild, das an der Oberkante aus dem Buchblock herausragt und ebenfalls einen werbenden Text enthält.

Was bedeutet Bindequote?

Die Bindequote ist der Teil einer gedruckten Auflage, der aufgebunden wird. Ist der Absatz des Buchs schlecht, kann der restliche Auflagenteil entweder gar nicht mehr oder billiger aufgebunden werden.

Wie werden Druckwerke für den Versand verpackt?

In der Regel werden sie aus Kostengründen in durchsichtiger, recyclingfähiger Schrumpffolie luftdicht eingeschweißt. Teure Druckwerke oder Druckwerke im großen Format (z.B. Kunstbände) werden zuvor häufig in Pappschuber eingelegt. Einige Verlage gehen dazu über, ihre Produkte in Packpapier einzuschlagen. Wichtig ist für alle Verpackungsarten, dass die Auslieferungsnummer für den Versand und der EAN-Balkencode für den Buchhändler gut lesbar sind.

5 Verlagskunde

Urheber- und Verlagsrecht

Was ist im Urheberrecht geregelt?

Das Urheberrecht regelt, auf welche Art und Weise die Nutzung der schöpferischen Leistungen von Urhebern, z.B. Autoren, Fotografen, Komponisten, erfolgen darf, welchen finanziellen Anteil die Urheber am wirtschaftlichen Erfolg ihrer schöpferischen Leistungen erhalten und wie sie vor Missbrauch geschützt werden. Das Urheberrecht gewährleistet somit den Schutz des geistigen Eigentums.
Zum 1.7.2002 ist ein neu gefasstes Urheberrechtsgesetz in Kraft getreten.

Warum wurde das bis zum 1.7.2002 geltende Urheberrechtsgesetz geändert?

Während bei der letzten größeren Gesetzesänderung zum 1.7.1985 (basierend auf dem Urheberrechtsgesetz vom 9.9.1965) der Gesetzgeber der technischen Entwicklung Rechnung getragen hat (z.B. wurden Vergütungen für Fotokopien und die öffentliche Wiedergabe von Werken geregelt, Schutzvorschriften für Computerprogramme erlassen), liegt in der jetzigen Neufassung der Schwerpunkt auf der Stärkung der vertraglichen Stellung von Urhebern und ausübenden Künstlern.

Wichtige Punkte des neuen Gesetzes:

- Das neue Gesetz setzt als Urhebervertragsrecht neue Maßstäbe; bisher gab es nur absolute Vertragsfreiheit.
- Die Urheber haben einen gesetzlichen Anspruch auf angemessene Vergütung.
- Beide Seiten (Verleger und Urheber) werden angehalten, Vergütungsregelungen zu erarbeiten.
- Im Streitfall müssen, bevor u.U. ein Richter entscheidet, die streitenden Parteien sich erst einem Schlichtungsverfahren unterziehen.

- Statt einem „groben Missverhältnis“ zwischen Honorierung und verlegerischem Erfolg im alten Bestsellerparagraphen ist nur noch ein „auffälliges Missverhältnis“ erforderlich. Das bedeutet, dass Autoren leichter in den Genuss eines Nachschlags kommen können.

Was verbirgt sich hinter dem Gesetz zur Regelung des Urheberrechts in der Informationsgesellschaft?

Die jüngste Urheberrechtsnovelle (verabschiedet am 11.4.2003) sieht vor, dass Hochschulen und nicht gewerbliche Ausbildungseinrichtungen elektronische Kopien von wissenschaftlichen Werken und Lehrbüchern ohne Zustimmung der Rechteinhaber anfertigen und verbreiten dürfen (Paragraph 52a). Ausdrücklich ausgenommen von dieser Regelung sind Werke für den Schulunterricht. Diese Neuregelung ist zunächst bis zum Jahr 2006 befristet. Dann soll überprüft werden, inwieweit wissenschaftliche Verlage dadurch in wirtschaftliche Nöte geraten sind.

Welche Werke gehören zu den urheberrechtlich geschützten Werken?

Das Urheberrechtsgesetz (UrhG) schützt Werke der Literatur, Wissenschaft und Kunst. Dazu gehören nach § 2 UrhG Schriftwerke, Musikwerke, Werke der darstellenden Kunst (z.B. Choreografie eines Balletts), Werke der bildenden Kunst, Fotografien, Filmwerke, technische und wissenschaftliche Darstellungen (z.B. Zeichnungen, Pläne, Tabellen) und Computerprogramme.

Welche Werke sind urheberrechtlich nicht geschützt?

Nach § 5 UrhG zählen dazu Fahrpläne, Gesetze, Verordnungen, amtliche Erlasse und Bekanntmachungen – also Texte, die im Interesse der allgemeinen Kenntnisnahme veröffentlicht werden müssen.

Sind Übersetzungen urheberrechtlich geschützt?

Übersetzungen werden nach § 3 UrhG als Bearbeitungen wie selbstständige Werke geschützt. Sie stellen eine geistige Schöpfung des Übersetzers dar.

Wie weit darf ein Originalwerk bearbeitet werden?

Eine Bearbeitung lässt im Wesentlichen die individuelle Eigenart des Originals unangetastet. Jede Bearbeitung muss vom Autor genehmigt sein. Beispielsweise bleiben in der Übersetzung Inhalt, Aufbau und Form gleich, es ändert sich nur die Sprache.

Ist ein Sammelwerk urheberrechtlich geschützt?

Nach § 4 UrhG sind Sammelwerke von urheberrechtlich geschützten Einzelbeiträgen geschützt. Vorauszusetzen ist, dass die Anordnung der Beiträge im Buch eine geistige Schöpfung des Herausgebers darstellt.

Warum sind Computerprogramme urheberrechtlich geschützt?

Die Schutzanforderungen für ein Computerprogramm nach dem Urheberrechtsgesetz sind die gleichen wie bei den anderen urheberrechtlich geschützten Werken, insofern sie das Ergebnis eigener geistiger Schöpfung des Programmierers sind. Jedes Übertragen oder Speichern eines Computerprogramms bedarf der Genehmigung des Rechtsinhabers. Unerlaubtes Kopieren (Raubkopie) ist strafbar und macht schadenersatzpflichtig.

Welche Bedeutung hat die freie Benutzung des Werkes eines anderen für den Autor?

Nach § 24 UrhG darf ein Werk, das in freier Benutzung des Werkes eines anderen geschaffen worden ist (z.B. eine Parodie), ohne Zustimmung des Urhebers des benutzten Werkes veröffentlicht werden. Keinesfalls darf es sich dabei um ein Plagiat handeln.

Was bedeutet Plagiat?

Das Wort kommt aus dem Lateinischen und heißt wörtlich „Menschenraub". Darunter wird der Diebstahl geistigen Eigentums verstanden. Eine fremde Leistung wird als eigene geistige Schöpfung ausgegeben und widerrechtlich verwertet. Zum Plagiat zählt auch das Zitieren ohne Namens- und Quellenangabe.

Wann gilt ein Werk als veröffentlicht, wann als erschienen?

Ein Werk gilt als veröffentlicht, wenn es mit Zustimmung des Urhebers der Öffentlichkeit zugänglich gemacht worden ist, z.B. durch einen Vortrag.
Ein Werk gilt als erschienen, wenn es mit Zustimmung des Urhebers in genügender Anzahl (i.d.R. mindestens 50 Exemplare) der Öffentlichkeit angeboten oder in Verkehr gebracht worden ist. Bei Kunstwerken genügt es, wenn das Werk als solches bleibend der Öffentlichkeit zugänglich ist.

Welche Artikel aus Zeitungen oder Zeitschriften dürfen ohne Genehmigung von Dritten nachgedruckt werden?

Stellen Artikel eine eigene geistige Schöpfung im Sinne des Gesetzes dar, dürfen sie nicht ohne Genehmigung, auch nicht auszugsweise, nachgedruckt werden. Agenturmeldungen sind hingegen nicht geschützt. Es gibt Publikationen, die ausdrücklich darauf hinweisen, dass ein Nachdruck erwünscht ist (z.B. meinungsbildende Artikel eines Verbands, um eine breit gestreute Öffentlichkeit zu erreichen). Ein solcher Nachdruck verpflichtet zur Quellenangabe.

Darf eine urheberrechtlich geschützte Fotografie in einer anderen Größe in einem Buch abgebildet werden?

Nach UrhG ist eine Übertragung in eine andere Größe zulässig. Inhaltliche Veränderungen wie Ausschnitte, Retuschen u.Ä. bedürfen der Einwilligung des Rechtsinhabers.

Wer ist Urheber?

Nach § 7 UrhG ist der Urheber der Schöpfer eines Werkes. Es muss sich dabei um eine persönliche geistige Schöpfung nach Inhalt, Form und Individualität handeln.

Wodurch unterscheiden sich Miturheber und Urheber verbundener Werke?

Wenn mehrere Urheber gemeinsam ein Werk schaffen, ohne dass sich ihre Anteile gesondert verwerten lassen, z.B. bei Schulbüchern, so spricht man von Miturhebern.
Wenn mehrere Urheber dagegen ihre Werke zu gemeinsamer Verwertung miteinander verbunden haben und sich ihre Anteile gesondert verwerten lassen, z.B. bei Anthologien, spricht man von Urhebern verbundener Werke.

Wie wird die Miturheberschaft honoriert?

Falls vertraglich nicht anders vereinbart, erhalten die einzelnen Miturheber Honoraranteile nach dem Umfang ihrer Mitwirkung am Gesamtwerk.

Welche Rechte hat der Urheber an seinem Werk?

Der Urheber hat Persönlichkeitsrechte und Verwertungsrechte (Nutzungsrechte). Zu den Ersteren gehören das Veröffentlichungsrecht, das Recht auf Anerkennung der Urheberschaft und das Recht, sich gegen Entstellungen des Werkes zu wehren.

Zu den Verwertungsrechten gehören die Rechte, das Werk in körperlicher Form (Vervielfältigungs-, Verbreitungs- und Ausstellungsrecht) und ebenso in unkörperlicher Form verwerten zu können. Diese umfassen alle Arten der öffentlichen Wiedergabe (z.B. Vortrags- und Aufführungsrecht, Senderecht, Recht der Wiedergabe durch Bild- oder Tonträger).

Kann das Recht am geistigen Eigentum übertragen werden?

Die Persönlichkeitsrechte sind personengebunden, damit nicht übertragbar, sie können allerdings vererbt werden. Die Nutzungsrechte können abgetreten werden, z.B. an einen Verlag.

Welche Bedeutung hat das ausschließliche Nutzungsrecht für einen Verlag?

Der Urheber hat nur einem Verlag alle Nutzungsrechte übertragen. Es berechtigt den Verlag, diese zu verwerten (z.B. durch Lizenzvergabe an einen Taschenbuchverlag). Jeder Verlag ist bestrebt, vor allem für Erfolg versprechende Titel, das ausschließliche Nutzungsrecht zu erhalten.

Was versteht man unter der Vergabe eines einfachen Nutzungsrechts?

Ein Verlag erhält vom Autor nur ein Nutzungsrecht (z.B. das Recht der Buchveröffentlichung). Die anderen Nutzungsrechte können anderen Verlagen oder Unternehmen übertragen werden (z.B. das Recht der Verfilmung an eine Filmgesellschaft).

Welches Recht überträgt der fest angestellte Redakteur seinem Arbeitgeber?

Er überträgt alle Nutzungsrechte seiner Artikel auf seinen Arbeitgeber. Dafür bezieht der Redakteur Gehalt.

Welche Bedeutung hat die Sozialbindung des Urheberrechts?

Da auch das Urheberrecht ein sozialgebundenes Recht ist, unterliegt es gewissen Beschränkungen, die der Urheber im Interesse der Allgemeinheit hinnehmen muss. So ist es u.a. zulässig

- Werke in eine Sammlung für den Kirchen-, Schul- und Unterrichtsgebrauch aufzunehmen;
- aus einem Werk unter Angabe der Quelle zu zitieren;
- einzelne Vervielfältigungsstücke eines Werkes zum privaten Gebrauch herzustellen;
- Vervielfältigungsstücke von kleinen Teilen eines

Werkes zum eigenen Gebrauch, z.B. im Schulunterricht, in der erforderlichen Anzahl (Klassenstärke) herzustellen;
- ein erschienenes Musikwerk öffentlich wiederzugeben, wenn der Veranstalter keinen Gewinn erzielen will, keinen Eintritt verlangt und keiner der Künstler eine Gage erhält (Beispiel: der Auftritt des Schulchors bei der Abschlussfeier).

Welchen Zweck verfolgt nach dem UrhG ein Zitat?

Ein Zitat darf nur zur Erläuterung bzw. Ergänzung der eigenen Ausführungen dienen, d.h. zur zustimmenden Unterstützung oder zur Kritik.

Wie viele Fotokopien dürfen für private Zwecke honorarfrei angefertigt werden?

Es dürfen Kopien von urheberrechtlich geschützten Vorlagen nur im gebotenen Umfang, allenfalls bis zu sieben Exemplaren von Teilen eines Buchs, angefertigt werden. Die Voraussetzung für dieses Recht ist, dass die Fotokopien nur zum privaten Gebrauch oder für Archivzwecke hergestellt werden. Diese Kopien dürfen nicht verbreitet werden.

Dürfen Fotokopien ohne Honorar für Unterrichtszwecke von einem Lehrer hergestellt werden?

Von urheberrechtlich geschützten Vorlagen dürfen Fotokopien für den Schulunterricht in Klassenstärke honorarfrei hergestellt werden. Das gilt jedoch nur für kleine Teile eines Buchs oder einer Zeitschrift (z.B. Kopie eines Gedichts aus einem Gedichtband), ausgenommen, wenn ein Werk seit mindestens zwei Jahren vergriffen ist. Diese Regelung gilt nicht für gewerbliche Einrichtungen der Aus- und Weiterbildung (z.B. kommerziell arbeitende Sprachschulen und Volkshochschulen).

Was wird unter anonym und pseudonym verstanden?

Beide Begriffe kommen aus dem Griechischen. Anonym heißt wörtlich „ohne Namen“ = statt eines Namens können Kürzel verwendet werden (z.B. N.N.). Pseudonym heißt wörtlich „mit falschem Namen“ = statt des bürgerlichen Namens werden Künstlernamen verwendet (z.B. schrieb Hans Bötticher unter dem Künstlernamen Joachim Ringelnatz).

Wie lange ist das Werk eines Autors in der Bundesrepublik Deutschland urheberrechtlich geschützt?

Es ist bis 70 Jahre nach dem Tod des Urhebers geschützt. Danach wird das Werk gemeinfrei. Die Frist beginnt mit Ablauf des Kalenderjahrs, in dem der Tod eingetreten ist.

Wie lange sind pseudonyme Werke urheberrechtlich geschützt?

Sie genießen denselben Rechtsschutz wie bei namentlich bekannten Autoren, wenn der Name des Urhebers in der Urheberrolle eingetragen ist. Lässt sich der bürgerliche Name nicht ermitteln, beginnt die Schutzfrist nach Abschluss des Jahres der Erstveröffentlichung. Dasselbe gilt für Werke, die anonym erschienen sind.

Was bezweckt die Verordnung über die Urheberrolle?

Verfasser von anonymen Werken oder Autoren, die unter einem Pseudonym veröffentlichen, können ihren bürgerlichen Namen in die Urheberrolle eintragen lassen. Diese wird beim Patentamt in München geführt.

Wie lange ist das Werk einer Autorengemeinschaft urheberrechtlich geschützt?

Der Schutz dauert bis 70 Jahre nach dem Tod des Längstlebenden. Die Frist beginnt am Ende des Todesjahrs zu laufen.

Warum wurden Verwertungsgesellschaften gegründet?

Den Urhebern ist es nicht immer möglich, ihre Rechte Dritten gegenüber selbst wahrzunehmen. Sie können Mitglied einer Verwertungsgesellschaft werden, die dann für sie tätig wird, z.B. VG Wort, GEMA = Gesellschaft für musikalische Aufführungsrechte.

Welche speziellen Leistungen erbringt die VG Wort?

Diese Verwertungsgesellschaft ist die für Autoren und Verlage wichtigste Gesellschaft. Sie hat ihren Sitz in München. Ihre Leistungen umfassen:

- Einzug der Bibliothekstantiemen;
- Einzug der Honorare für Rundfunk- und Fernsehsendungen;
- Einzug der Honorare von Schulbuchbeiträgen;
- Einzug von Gebühren aus dem Fotokopierwesen.

Die Einnahmen werden nach Abzug der Verwaltungskosten nach einem bestimmten Schlüssel an die Mitglieder ausgezahlt.

Welchen Berufsgruppen steht die VG Wort offen?

Berufsgruppe 1: Autoren und Übersetzer schöngeistiger und dramatischer Literatur;
Berufsgruppe 2: Autoren und Übersetzer von Sachliteratur;
Berufsgruppe 3: Autoren und Übersetzer wissenschaftlicher Literatur;
Berufsgruppe 4: Verleger von schöngeistiger und Sachbuchliteratur;
Berufsgruppe 5: Verleger von Bühnenwerken;
Berufsgruppe 6: Verleger von wissenschaftlicher Literatur.

Auf welche Weise zieht die VG Wort Einkünfte aus dem Fotokopierwesen ein?

- Sie erhebt eine einmalige Vergütung für Fotokopiergeräte von den Herstellern oder den Importeuren. Diese Gebühr ist im Verkaufspreis des Geräts bereits enthalten. Die Höhe der Gebühr richtet sich nach der Leistungsklasse des Geräts.
- Es wird eine „Betreibervergütung" für Kopiergeräte erhoben, die in Institutionen der Bildung bzw. Forschung stehen (z.B. Universitäten, Bibliotheken, Schulen) sowie für Geräte, die in Kopierunternehmen stehen.

Warum gehen Autor und Verleger zu beider Vorteil eine Geschäftsbeziehung ein?

- Aus wirtschaftlichen Interessen: Der Autor möchte Honorar und der Verleger Gewinn erzielen.
- Aus ideellen Gründen: Der Autor möchte sich in der Öffentlichkeit profilieren, und der Verleger möchte sein Verlagsprogramm verwirklichen.

Es kann Fälle geben, in denen der Autor auf ein Honorar verzichtet, nur um sein Buch verlegt zu bekommen, oder der Verleger verlegt einen Titel ohne Aussicht auf Gewinn, um mit dem Werk sein Verlagsprogramm abzurunden.

Wie kann das Verlagsrecht definiert werden?

Es regelt das Verhältnis zwischen Urheber und Verleger. Im Verlagsvertrag findet es seine schriftliche Form. Zugrunde gelegt werden kann ein Rahmenvertrag, der zwischen dem Verband deutscher Schriftsteller und dem Verleger-Ausschuss des Börsenvereins des Deutschen Buchhandels ausgehandelt wurde (Normvertrag für den Abschluss von Verlagsverträgen).

Wie kann ein Verlagsvertrag geschlossen werden?

In der Regel wird er in schriftlicher Form abgeschlossen. Der Vertrag kommt rechtsgültig aber auch durch die Manuskriptübergabe oder durch mündliche Absprache zustande, in diesem Falle allerdings ohne Regelung von Details (z.B. Honorierung, Nebenrechtsabtretung). Eine unverlangte Einsendung eines Buchmanuskripts oder eines Zeitungs- oder Zeitschriftenartikels begründet kein Vertragsverhältnis.

In welcher Form kann das Recht der Vervielfältigung und Verbreitung (Hauptrecht) vom Autor an den Verlag übertragen werden?

- Auflagenbezogen: für alle Auflagen oder nur für eine Auflage
- Sprachbezogen: für alle Sprachen oder nur für eine Sprache (z.B. Deutsch)
- Gebietsbezogen: für alle Staaten, für mehrere Staaten (z.B. Bundesrepublik Deutschland, Schweiz und Österreich) oder nur für einen Staat
- Zeitbezogen (z.B. für drei Jahre)

Ist der Autor verpflichtet, dem Verleger mit dem Hauptrecht auch die Nebenrechte einzuräumen?

Dazu ist er nicht verpflichtet. Die Nebenrechte, die er übertragen möchte, müssen ausdrücklich im Verlagsvertrag genannt werden. Zu den Nebenrechten gehören z.B. das Übersetzungs-, Pressevorabdrucks-, Dramatisierungs-, Verfilmungs- und Senderecht, ebenso das Recht, Lizenzen für Taschenbuch- und Buchclubausgaben zu vergeben.

Welche wesentlichen Pflichten hat der Autor gegenüber seinem Verleger?

- Er muss das Manuskript zum vereinbarten Termin (ggf. zu einem vom Verlag festgesetzten Nachtermin) dem Verlag in der vereinbarten Manuskriptform (z.B. auf Diskette) übergeben.
- Er hat die Pflicht zur Enthaltung, d.h., er darf mit keinem anderen Verlag einen Vertrag über das betreffende Werk abschließen.
- Er darf keine Rechte Dritter verletzen.
- Er muss kostenlos Korrektur lesen.
- Er muss bei Bedarf eine Neubearbeitung seines Werkes vornehmen (besonders bei Sachbüchern und wissenschaftlicher Literatur).

Welche wesentlichen Pflichten übernimmt der Verleger gegenüber dem Autor?

- Die kaufmännische Sorgfalt einer geordneten Verlagsführung, damit er die wirtschaftlichen Voraussetzungen für seine Verpflichtungen erhält (z.B. pünktliche Honorarzahlung, angemessene Werbung u.Ä.).
- Die vertragsgemäße Zahlung des Honorars.
- Den Schutz des Werkes (z.B. Verfolgung von Raubdrucken).
- Vervielfältigung in angemessener Auflagenhöhe
- Verbreitung des Werkes durch angemessene Werbung, zu einem marktgerechten Ladenpreis u.Ä.

Welche Maßnahmen gehören zum angemessenen Verbreiten eines Druckwerkes?

Dazu gehören alle Werbemaßnahmen, ein marktgerechter Ladenpreis, eine verkaufsfördernde Rabattpolitik, ein marktgerechter Erscheinungstermin, eine angemessene Ausstattung sowie ein gut ausgebautes und funktionierendes Vertriebsnetz.

Was kann einen Autor veranlassen, den Verlagsvertrag vorzeitig zu kündigen?

Grundsätzlich ist eine Kündigung möglich, wenn der Verlag seine Vertragspflichten nicht erfüllt (z.B. kein Honorar zahlt oder mangelhaft wirbt). Ein weiterer Grund ist die gewandelte Überzeugung.

Warum kann der Autor wegen gewandelter Überzeugung vorzeitig vom Vertrag zurücktreten?

Nach § 42 UrhG kann der Autor den Verlagsvertrag vorzeitig lösen, wenn ihm die Veröffentlichung aus schwerwiegenden Gründen nicht mehr zuzumuten ist. Ändert z.B. eine vom Autor nicht vorauszusehende neue wissenschaftliche Erkenntnis alle Aussagen seines Buchs, kann es zurückgezogen oder ggf. umgeschrieben werden. Gleiches kann auch für politische oder religiöse Überzeugungen gelten. Unter Umständen muss der Verleger vom Autor für die bisherigen Auslagen angemessen entschädigt werden. Der Autor darf jedoch die ursprüngliche Überzeugung auch nicht mehr anderweitig verbreiten, z.B. in Publikationen bei anderen Verlagen. Will er sein Werk nach einem Rückruf erneut veröffentlichen, so ist er verpflichtet, dem früheren Verlag das Werk wieder anzubieten.

Wem gehört das Manuskript?

Das Manuskript bleibt Eigentum des Autors. Der Verlag hat die Aufbewahrungspflicht. Nach dem Erscheinen muss auf Wunsch des Autors der Verlag das Manuskript zurückgeben. Manuskripte berühmter Autoren haben einen hohen Marktwert.

Darf ein Redakteur bzw. Lektor Änderungen am Manuskript vornehmen?

Grundsätzlich dürfen Änderungen am Manuskript nur mit dem Einverständnis des Autors vorgenommen werden. Eine Sonderregelung wird für Beiträge in Zeitungen und Zeitschriften dem Redakteur zugestanden, denn er darf nicht namentlich gekennzeichnete Beiträge nach den Bedürfnissen der Publikationen abändern, ohne jedoch die Grundaussage zu verfälschen.

Worauf hat der Autor beim Korrekturlesen des gesetzten Textes zu achten?

Er muss die Abweichungen des gesetzten Textes vom Manuskript kennzeichnen, die zulasten des Satzbetriebs gehen. Nachträgliche inhaltliche Änderungen gegenüber dem Manuskript sollen sich auf das unbedingt Notwendige beschränken (z.B. Berücksichtigung geänderter Fakten). Diese nachträglichen Änderungen sind Korrekturen des Autors, die zulasten des Verlags gehen und dadurch die Herstellung verteuern. Häufig wird im Verlagsvertrag vereinbart, dass Autorenkorrekturen, die zu Mehrkosten führen und 10% der Satzkosten überschreiten, dem Autor berechnet werden.

Was bedeutet es, wenn ein Verlag eine Restauflage verramscht?

Für unverkäufliche oder schwer verkäufliche Werke wird der feste Ladenpreis aufgehoben, damit diese zu einem niedrigeren Ladenpreis auf dem Markt angeboten werden können. Dadurch soll das Lager geräumt werden. Häufig gehen diese Ramschexemplare an das so genannte „Moderne Antiquariat“. Es handelt sich also dabei nicht um beschädigte oder fehlerhafte Ware. Der Autor ist vorher über die beabsichtigte Verramschung zu informieren.

Welches Recht wird dem Autor mit dem Verlagsvertrag bei der Verramschung seines Titels eingeräumt?

Der Autor hat das Recht, seine Bücher zum Ramschpreis zu kaufen. Dieses Übernahmerecht gilt nur für die Abnahme des gesamten Restbestands.

Wann wird der Verleger einen Titel makulieren?

Makulieren heißt, alle auf Lager befindlichen Exemplare eines Titels werden vernichtet (z.B. der Altpapierverwertung zugeführt). Zu dieser Maßnahme kann sich ein Verleger entschließen, wenn sogar über die Verramschung ein Abverkauf nicht mehr möglich ist. Der Autor muss vorher informiert werden. Er hat das Recht, alle Exemplare unentgeltlich gegen Erstattung der Transportkosten vom Lager zu nehmen.

Warum schließt ein Verleger mit einem Autor einen Optionsvertrag ab?

Der Verleger wird bemüht sein, mit einem erfolgreichen Autor für künftige Werke einen Optionsvertrag abzuschließen. Damit verpflichtet sich der Autor, dem Verleger das noch zu schaffende Werk nach Fertigstellung zur Nutzung anzubieten. Der Verleger hat damit das Recht, nicht aber die Pflicht, das Werk zu erwerben. Nach dem Urheberrechtsgesetz ist dafür die schriftliche Form vorgeschrieben. Beide Partner können diesen Vertrag nach Ablauf von fünf Jahren kündigen.

Wer legt die Ausstattung eines Druckwerkes fest?

Die Ausstattung wie Umschlaggestaltung, Typografie, Einbandart usw. wird in der Regel vom Verlag festgelegt. Der Verlag richtet sich dabei nach den Anforderungen des Markts. Es wird vorausgesetzt, dass der Verleger bessere Marktkenntnisse besitzt als der Autor.

Wer legt den Titel eines Buchs fest?

Der Titel wird in der Regel zwischen dem Verleger und dem Autor abgesprochen. Kommt keine Einigung zustande, entscheidet der Verleger, wenn es im Vertrag so vereinbart worden ist.

Was versteht man unter der Auflage eines Buchs?

Die Auflage umfasst alle Exemplare eines Titels, die der Verlag nach Vereinbarung im Verlagsvertrag vervielfältigen und verbreiten darf. In der Regel orientiert sich die Auflagenhöhe an dem zu erwartenden

Absatz. Nach dem Verkauf der ersten Auflage können weitere Auflagen hergestellt werden. In diesen können u.U. Satzfehler ausgemerzt und Verbesserungen in geringem Umfang eingearbeitet werden. Sollten umfangreiche Veränderungen vorgenommen werden, so muss das auf dem Titelblatt oder im Impressum vermerkt sein, z.B. „2., verbesserte und erweiterte Auflage“. Ist im Verlagsvertrag die Auflagenhöhe nicht geregelt, kann der Verleger nach Verlagsrecht bis zu 1.000 Exemplare herstellen.

Was versteht man unter einem Zweitdruck?

Darunter wird ein unveränderter Nachdruck einer Auflage verstanden.

Was kann einen Verlag dazu veranlassen, eine bekannte Persönlichkeit als Herausgeber für eine Buchreihe zu berufen?

Der Herausgeber plant im Auftrag des Verlegers den Aufbau, kümmert sich um Terminabsprachen und sucht nach geeigneten Autoren. Er koordiniert die redaktionellen Arbeiten. Häufig schreibt er eine Einführung und beeinflusst die Werbung. Mit seinem Namen verleiht er dem Gesamtwerk Profil.

Welche Auswirkung hat eine Verlagslizenz?

Eine Verlagslizenz liegt vor, wenn ein Verlag von einem anderen Verlag das Recht erhält, ein bestimmtes Werk zu veröffentlichen. Das Verlagsrecht bleibt in diesem Fall beim Lizenzgeber. Beispielsweise erhält ein Zeitungsverleger von einem Buchverlag das Recht, einen Roman in Form von Fortsetzungen zu veröffentlichen.

Ist es gerechtfertigt, dass der Verlag von den Erlösen aus Lizenzgeschäften in der Regel 50% der Einnahmen erhält?

Der Verleger hat häufig hohe Aufwendungen, damit ein Lizenzvertrag zustande kommt (z.B. Dienstreisen, Messebesuch, Gutachtergebühr usw.). Außerdem treten Verwaltungskosten für die Lizenzbetreuung auf.

Hat ein Buchverlag Einfluss auf die Übersetzung, nachdem er die Lizenz zur Übersetzung in eine andere Sprache eingeräumt hat?

Der Lizenz nehmende Verlag verpflichtet sich, das Werk in einer dem Original angemessenen Weise übersetzen zu lassen. Der Lizenz gebende Verlag kann für sich das Recht in Anspruch nehmen, die Übersetzung zu prüfen und ggf. zu beanstanden, wenn dies vertraglich vereinbart wurde.

Ist es notwendig, dass der Übersetzer in dem von ihm übersetzten Druckwerk genannt wird?

Nach dem Übersetzungsvertrag ist der Verlag verpflichtet, den Übersetzer eines Werkes auch ohne dessen ausdrückliche Anweisung namentlich zu nennen (auf der Titel- oder Impressumseite). Auch in der Werbung muss der Name des Übersetzers genannt werden.

Welche Vorteile kann eine Koproduktion dem Verlag bieten?

Die Koproduktion ist eine besondere Form der Lizenzvergabe. Im Planungsstadium eines Werkes werden in- und ausländische Verlagspartner gesucht, die gemeinsam produzieren, um verlagsabhängige Druckkosten zu senken. Beispielsweise werden aufwändige Bildbände von mehreren Partnern zusammen hergestellt: der teure Druck des Bildteils wird für alle Partner ausgeführt, die Texte werden separat in den einzelnen Landessprachen gedruckt.

Was bedeutet es, wenn ein Buch in einem Kommissionsverlag veröffentlicht wird?

Der Kommissionsverlag bewirbt und vertreibt das Buch, das auf Kosten eines Auftraggebers, i.d.R. eines Autors, hergestellt wurde. Die Bücher bleiben bis zum Verkauf Eigentum des Auftraggebers, der damit auch das finanzielle Risiko trägt. Der Kommissionsverlag bekommt für seine Arbeit und die entstandenen Aufwendungen einen Anteil vom Umsatz. Häufig werden schwer verkäufliche Titel von wissenschaftlichen Gesellschaften, Forschungsstellen oder Akademien in einem Kommissionsverlag herausgegeben.

Darf ein Autor sein Werk im Selbstverlag auf den Markt bringen?

Findet ein Autor keinen Verleger, kann er auf eigene Kosten das Werk vervielfältigen und verbreiten. Er kann sich dafür auch eines Verlags bedienen, der die notwendigen Arbeiten auf Kosten des Autors ausführt und den Vertrieb übernimmt. Ein solcher Verlag wird Kommissionsverlag genannt.

Wodurch unterscheidet sich das Stückhonorar vom Pauschalhonorar?

Beim Stückhonorar (Absatzhonorar) erhält der Autor für jedes verkaufte Exemplar einen vertraglich festgelegten Prozentsatz vom Verkaufspreis. Es bleibt der vertraglichen Vereinbarung überlassen, ob sich der Prozentsatz vom Ladenpreis, vom Nettopreis oder von anderen Berechnungsgrundlagen errechnet. Beim Pauschalhonorar wird unabhängig von der Auflage eine vertraglich vereinbarte Summe meist bei Erscheinen des Werkes gezahlt. Wird eine bestimmte Absatzzahl überschritten (wenn beispielsweise der Titel zum Bestseller wird), erhält der Autor für die weiteren Exemplare Absatzhonorar.

Unter welchen Voraussetzungen wird sich der Autor für das Absatz- bzw. für das Pauschalhonorar entscheiden?

Er wird das Absatzhonorar wählen, wenn er der Überzeugung ist, dass sich sein Werk gut verkauft. Er wird das Pauschalhonorar wählen, wenn er die Vermutung hat, dass sein Werk nur schwer verkäuflich sein wird. Bei hoch spezialisierten Titeln für einen begrenzten Interessentenkreis wird in der Regel das Pauschalhonorar vereinbart.

Welche Formen des Pauschalhonorars werden von den Verlagen gezahlt?

- Zeilenhonorar: für Sammelwerke (z.B. für Nachschlagewerke)
- Seitenhonorar (z.B. für Übersetzungen)
- Bogenhonorar: für Zeitschriften, wobei ein Bogen 16 Seiten umfasst
- Artikelhonorar: für Zeitschriften oder für Sammelwerke

Für welche Exemplare erhält der Autor kein Honorar?

Für alle Exemplare, die der Werbung und der Rezension dienen, für Pflichtexemplare der Bibliotheken, Widmungsexemplare und Autorenfreistücke. In der Regel sind dafür 10% der Auflage bei Neuerscheinungen und 5% bei Nachdrucken vorgesehen.

Was wird unter Freiexemplaren verstanden, die der Autor für sein Werk vom Verlag erhält?

Der Autor erhält für persönliche Zwecke einige Exemplare kostenlos. In der Regel sind es bei einer Auflage von 1.000 Exemplaren fünf bis zehn Stück; Pflicht ist ein Exemplar pro 1.000-Stück-Auflage. Diese Freiexemplare dürfen nicht verkauft werden.

Was muss ein Verlag unternehmen, damit ein Buchtitel rechtzeitig vor dem Erscheinen geschützt ist?

Ein Titelschutz entsteht, wenn der Titel unter Berufung auf § 5 Markengesetz (MarkenG) in einem buchhändlerischen Fachblatt wie dem Börsenblatt öffentlich bekannt gemacht wird. Auch die öffentliche Bekanntgabe in Prospekten oder Verlagskatalogen erwirkt einen Titelschutz. Mit der Veröffentlichung des Werkes selbst ist auch dessen Titel automatisch geschützt. Schützbar nach dem MarkenG sind nur so genannte starke Titel. Starke Titel (z.B. „Götter, Gräber und Gelehrte") besitzen eine besondere individuelle Unterscheidungskraft gegenüber schwachen Titeln (z.B. „Der Verlagskaufmann"). Der Schutz endet mit der Titelnutzung.

Warum ist ein Raubdruck für den Buchhandel besonders schädlich?

Der Raubdruck ist die Ausgabe eines urheberrechtlich geschützten Werkes, die ohne Genehmigung des Verlags bzw. des Autors hergestellt und vertrieben wird. Der Raubdrucker kann billiger produzieren und das Werk deshalb weit unter Ladenpreis verkaufen. Damit wird der Absatz des regulären Werkes negativ beeinflusst. Als Raubdrucke kommen nur Werke auf den Markt, die bereits erfolgreich sind und sich daher ohne Werbung risikolos absetzen lassen.

Warum kann ein Raubdrucker seine Bücher billiger produzieren als der Verlag?

Er zahlt weder Autorenhonorar noch Honorare für Abbildungen, Zeichnungen u.Ä. Er druckt in der Regel fotomechanisch und umgeht damit Satz- und Reprokosten. Er verwendet häufig auch minderwertiges Material. Es fallen keine Werbekosten an.

Welche Übereinkommen regeln international den Schutz der Nutzungsrechte?

- Die (revidierte) Berner Übereinkunft (BÜ)
- Das Welturheberrechtsabkommen (WUA)
- Bilaterale Abkommen zwischen zwei Staaten

Was ist mit dem Prinzip der Inländerbehandlung gemeint?

Das Prinzip besagt, dass Werke ausländischer Autoren den Werken inländischer Autoren gleichgestellt sind und damit den gleichen Schutzbedingungen unterliegen. Von diesem Prinzip geht sowohl die Berner Übereinkunft als auch das Welturheberrechtsabkommen aus.

Wodurch unterscheiden sich das WUA und die BÜ?

- WUA: Nach dem Welturheberrechtsabkommen beträgt die Mindestschutzfrist 25 Jahre nach dem

Tod des Autors. Der Schutz ist an die Formvorschrift des Copyright-Vermerks gebunden.

- BÜ: Nach der Berner Übereinkunft beträgt die Mindestschutzfrist 50 Jahre nach dem Tod des Autors. Der Schutz ist an keine Förmlichkeit gebunden.

Abteilungen eines Verlags und ihre Aufgaben

Welche wichtigen Funktionsbereiche gibt es in einem Verlag?

Wichtige Bereiche sind das Lektorat bzw. die Redaktion, die Herstellung, der Vertrieb, die Bereiche Werbung, Öffentlichkeitsarbeit/Public Relations, der Bereich Rechnungswesen/Verwaltung, das Lager und die Auslieferung, die Lizenzabteilung und die Verlagsleitung.

Welche Aufgaben hat die Verlagsleitung im klassischen Sinne?

Die Verlagsleitung bestimmt die Zielsetzung und das Erscheinungsbild des Verlags („Verlagsprofil"), sie finanziert den Verlag und trägt das verlegerische Risiko, sie koordiniert die einzelnen Abteilungen, sie führt die Geschäfte und vertritt den Verlag nach außen.

Welche Aufgaben hat das Lektorat?

Das Lektorat hat Planungsaufgaben (Planung des Verlagsprogramms, Planung von Buchreihen und Einzeltiteln), kümmert sich um die Manuskriptbeschaffung, führt redaktionelle Aufgaben durch (inhaltliche und formale Manuskriptredaktion), betreibt Autorenpflege, handelt die Verlagsverträge mit den Autoren aus.

Welche Möglichkeiten der Manuskriptbeschaffung gibt es?

- Autoren bieten ihre Manuskripte an.
- Auftragsarbeiten werden vergeben (bei Sachbüchern, wissenschaftlichen Büchern).
- Das bestehende Bücherangebot im In- und Ausland wird gesichtet, um Übersetzungen und Lizenzen einkaufen zu können.
- Es wird mit literarischen Agenturen zusammengearbeitet.

Welche Aufgaben hat die Herstellung?

Die Herstellung hat

- gestalterische Aufgaben, z.B. Wahl von Schrift, Papier, Bindung;
- kaufmännische Aufgaben, z.B. Vor- und Nachkalkulation, Einholen von Angeboten beim grafischen Gewerbe;
- organisatorische Aufgaben, z.B. die Entwicklung eines Herstellungsplans mit entsprechender Terminüberwachung, und auch qualitativ muss der Herstellungsprozess kontrolliert werden.

Welche Aufgaben hat die Vertriebsabteilung?

Sie koordiniert den Vertretereinsatz, legt Lieferungs- und Zahlungsbedingungen fest, organisiert den Vertrieb in Bezug auf Lagerung, Fakturierung, Verpackung, Versand. Sie beschäftigt sich mit Organisation und Gestaltung der Absatzförderung (z.B. Bereitstellen von Dekomaterial, Katalogen, Prospekten).

Wie setzt sich der Ladenpreis eines Buchs zusammen?

Einzelne Posten sind Honorar, Herstellungskosten, Handlungskosten, Gewinnanteil, Sortimenter- bzw. Barsortimentsrabatt, Umsatzsteuer.

Aus welchen Teilen setzen sich die Herstellungskosten zusammen?

Zu den Herstellungskosten gehören Satz- und Druckkosten, Reprokosten, Papier- und Bindekosten. Satz- und Reprokosten sind fixe Kosten (auflagenunabhängig), Druck-, Papier- und Bindekosten sind variable Kosten (auflagenabhängig).

Was versteht man unter der Deckungsauflage?

Die Deckungsauflage ist der Teil der Auflage, der verkauft werden muss, damit alle bei der Produktion anfallenden Kosten gedeckt sind. Mit dem Verkauf dieser Auflage ist noch kein Gewinn erwirtschaftet.

Anhang

Literaturhinweise

Berekoven, Ludwig: Erfolgreiches Einzelhandelsmarketing. Grundlagen und Entscheidungshilfen. 2., neubearb. Aufl. München: C.H. Beck, 1995.

Bez, Thomas (Hrsg.): ABC des Zwischenbuchhandels. 4. Aufl. Frankfurt am Main. Börsenblatt Extra, Börsenblatt 20/12. März 2003, Sonderdruck aus dem Börsenblatt für den Deutschen Buchhandel.

Bramann, Klaus-W.; Münch, Roger; Hoffmann, Daniel C.: Wirtschaftsunternehmen Sortiment. Aus- und Weiterbildung. Rechtliche Grundlagen. Informations- und Kommunikationssysteme. Marketing im Sortimentsbuchhandel. Einkauf und Verkauf. Daten- und Umweltschutz. Grundlagen des Verlagsrechts. Frankfurt am Main: Bramann, 2000.

Heinold, Wolfgang Ehrhardt: Bücher und Buchhändler. Buchhandlungen in der Informationsgesellschaft. 4., neubearb. Aufl. Heidelberg: C.F. Müller, 2001.

Kugemann, Walter F.; Gasch, Bernd: Lerntechniken für Erwachsene. 16. Aufl. Reinbek: Rowohlt, 2001.

Meid, Hanna: Erfolgreiche Öffentlichkeitsarbeit für den Buchhandel. Mehr Power in den Laden. Würzburg: Lexika, 2003.

Metzig, Werner; Schuster, Martin: Lernen zu lernen. Lernstrategien – sofort anwendbar. Die richtige Methode für jeden Lernstoff. Tipps zur Prüfungsvorbereitung. 6., verb. Aufl. Berlin: Springer, 2003.

Paulerberg, Herbert (Hrsg.): ABC des Buchhandels. Wirtschaftliche, technische und rechtliche Grundbegriffe für den herstellenden und verbreitenden Buchhandel. 10., erw. u. aktual. Aufl. Würzburg: Lexika, 2001.

Salaws, Ausma: Karrieren unter der Lupe. Buchhandel und Verlagswesen. Würzburg: Lexika, 2001.

Schneider, Karl (Hrsg.): Werbung in Theorie und Praxis. 5., erw. u. überarb. Aufl. Waiblingen: M + S Verlag für Marketing und Schulung, 2000.

Weiß, Hans-Joachim: Prüfungsangst. Wie entsteht sie? Was richtet sie an? Wie begegne ich ihr? 2., aktual. u. erw. Aufl. Würzburg: Lexika, 1997.

Gegenstände des Buchhandels

Adressbücher
Antiquarische Bücher
Arbeitshefte oder -bücher
Bibliografien
Bilderbücher, -alben, Zeichen- und Malbücher
Bildmappen, mit Texten
Briefmarkenalben
Briefmarkenkataloge
Bücher und Broschüren
CD, CD-ROM
Kassetten (Bücher in besonderer Verpackung)
Tonkassetten
Comics
Fahrpläne
Folien
Globen
Hörbücher
Jahrbücher (mit Kalendarium)
Jugendgefährdende Schriften
Kalender (Abreiß-, Taschenkalender)
Kartenspiele, Spielkarten
Kleinschrifttum, geheftete Traktate
Landkarten, kartographische Erzeugnisse
Lehrtafeln, Wand- und Lehrkarten
Lernmittel, Lehrmittel
Lernspiele
Loseblattwerke (Grundwerke im Ordner, Ergänzungslieferungen)
Medienverbundprodukte (z.B. Buch + Kassette)
Notenblätter
Poster
Postkarten, Kunstpostkarten
Reprints
Software
Spiele
Spielekarteien
Taschenrechner
Videokassetten
Vorlesungsverzeichnisse
Zeitungen, Zeitschriften

Verkehrsordnung für den Buchhandel[1]
– gültig ab 31. August 1989 –

Präambel
Der Börsenverein des Deutschen Buchhandels e.V. empfiehlt seinen Mitgliedern unverbindlich, ihren Geschäftsbeziehungen die nachstehende Verkehrsordnung zugrunde zu legen. Es bleibt daher den Vereinsmitgliedern und ihren Vertragspartnern unbenommen, im Einzelfall abweichende Geschäftsbedingungen zu verwenden.
Soweit eigene Geschäftsbedingungen oder im Einzelfall festgelegte Bedingungen bestimmte Geschäftsvorfälle nicht regeln, gehen die Mitglieder des Börsenvereins davon aus, daß die Regelungen dieser Verkehrsordnung in Verbindung mit den Bestimmungen der Preisbindung, den Wettbewerbsregeln[2] und den Verhaltensgrundsätzen (Spartenpapier) als Handelsbräuche im Buchhandel anzusehen sind.

§ 1 Begriffsbestimmungen
1. Die Begriffsbestimmungen für den herstellenden Buchhandel, im folgenden kurz „Verlag“ genannt, den verbreitenden Buchhandel, im folgenden kurz „Sortiment“ genannt, sowie den Zwischenbuchhandel ergeben sich aus der Satzung des Börsenvereins. „Abnehmer“ sind Buchhandlungen und Buchgroßhandlungen.
2. Für den Zwischenbuchhandel[3] finden folgende Begriffsbestimmungen Anwendung:
a) Barsortimente und andere Buchgroßhandlungen sind Unternehmen, die im eigenen Namen und auf eigene Rechnung Gegenstände des Buchhandels von den Verlagen kaufen, ein eigenes Lager unterhalten und an Sortimente verkaufen sowie Dienstleistungen erbringen.
b) Der buchhändlerische Kommissionär handelt im Auftrag, im Namen und für Rechnung des Verlages, des Sortiments oder beider. Buchhändlerischer Kommissionär einer Firma ist der im Buchhandels-Adreßbuch oder im BÖRSENBLATT bekanntgegebene Kommissionär, solange ein Kommissionswechsel oder die Kommissionsaufgabe nicht gem. § 2 angezeigt worden ist. Die Festlegung eines Kommissionsverhältnisses kann auch im Auftrag des Verlages oder des Sortiments über den Kommissionär durch gesonderte Mitteilung erfolgen.
c) Der Sortiments-Kommissionär faßt Dienstleistungen im Rahmen des buchhändlerischen Bestell- und Lieferverkehrs zusammen. Als Bücherwagen-Dienst übernimmt der Sortiments-Kommissionär im Auftrag des Sortiments-Kommittenten die Übernahme und die Zustellung von Gegenständen des Buchhandels von Verlagen bzw. deren Auslieferungen (Beischlüsse) und faßt sie ggf. mit Sendungen der Barsortimente gleichrangig zusammen. Er übernimmt die Abholung von Remittenden bei den Sortiments-Kommittenten und deren Zustellung an die Verlage bzw. deren Auslieferungen entsprechend der Versandanweisung des Sortiments-Kommittenten. Ein buchhändlerisches Kommissionsverhältnis wird allein durch die Übernahme von Beförderungsaufträgen als Frachtführer oder Spediteur nicht begründet.
Als Bestellanstalt leitet er im Auftrag des Sortiments-Kommittenten dessen Bestellungen an die Verlage bzw. deren Auslieferungen weiter.
d) Der Verlags-Kommissionär liefert aus dem von ihm verwalteten Auslieferungslager im Auftrag, für Rechnung und nach Weisungen der Verlags-Kommittenten aus (Verlagsauslieferung).

---

1 Die buchhändlerische Verkehrsordnung regelt auf freiwilliger Basis die Geschäftsbeziehungen zwischen dem herstellenden und verbreitenden Buchhandel. Diese Bestimmungen gelten neben dem Bürgerlichen Gesetzbuch (BGB) und dem Handelsgesetzbuch (HGB), deren einschlägige Paragraphen aufmerksam zu lernen empfohlen wird.

2 „Wettbewerbsregeln des Börsenvereins des Deutschen Buchhandels“, Seiten 171 ff.

3 Zum Verständnis der Verkehrsordnung ist es unbedingt notwendig, alle Arten des Zwischenbuchhandels genau zu kennen. Fragen zum Zwischenbuchhandel stehen im Kapitel „Buchhandelsbetriebslehre“ unter „Sortimentskunde“, Seiten 36 f., 75.

e) Barsortimente und andere Buchgroßhandlungen, Sortiments-Kommissionäre und Verlags-Kommissionäre erfüllen, ungeachtet der Zusammenfassung von Dienstleistungen, in sich selbständige und voneinander klar abgegrenzte Funktionen.
3. „Werke" sind alle Gegenstände des Buchhandels sowie des Zeitschriften- und Kunsthandels, die der Verlag herstellt oder verbreitet. „Gegenstände des Buchhandels" sind alle Werke der Literatur, Tonkunst, Kunst und Fotografie, die durch ein grafisches, phonographisches, fotografisches, fotomechanisches oder magnetisches Verfahren (auch im Wege der Fotokopie, Xerografie, Mikrokopie oder dgl.) vervielfältigt sind, wie z. B. Bücher, Zeitschriften, Musikalien, Tonträger, Datenträger, Bildträger, Kunstblätter, Kalender, Diapositive, Atlanten, Landkarten, Globen, Schulwandbilder und andere diesen Begriffsbestimmungen entsprechende Lehr- und Lernmittel.
4. „ Ladenpreis" ist der vom Verlag für den Verkauf an den Endabnehmer festgesetzte Verkaufspreis, „unverbindlich empfohlener Preis" ist der Preis, den der Verlag für den Verkauf an Endabnehmer empfiehlt, „Nettopreis" ist der dem Abnehmer berechnete Preis. Alle diese Preise enthalten die gesetzliche Mehrwertsteuer. Rabatte und Skonti beziehen sich auf Preisangaben einschließlich der gesetzlichen Mehrwertsteuer.
5. Als „Erscheinungstermin" eines Werkes gilt der Tag, an dem der Verlag mit der Auslieferung beginnt.
6. Als „Erstverkaufstag" gilt der vom Verlag festgesetzte Tag, an dem ein Werk erstmals ausgestellt und/oder an Endabnehmer verkauft werden darf.

§ 2 Bekanntmachungen
Die in dieser Verkehrsordnung aufgeführten buchhändlerischen Anzeigen und Mitteilungen über geschäftliche Vorgänge, Veränderungen und dergleichen gelten als ordnungsgemäß erfolgt, wenn sie im „BÖRSENBLATT für den Deutschen Buchhandel", Frankfurter Ausgabe, veröffentlicht worden sind. Solange eine anzuzeigende Tatsache nicht in dieser Weise bekanntgemacht ist, kann sie vom Anzeigepflichtigen einem Dritten nicht entgegengehalten werden, es sei denn, daß sie diesem nachweislich bekannt ist.

§ 3 Bezugsbedingungen
1. Der Verlag setzt die Bezugsbedingungen fest. Sofern der Verlag nicht allgemein oder im Einzelfall besondere Bedingungen vorgeschrieben hat, gelten die in den nachstehenden Bestimmungen enthaltenen Regeln als Bezugsbedingungen. Änderungen seiner Bezugsbedingungen muß der Verlag den Abnehmern so frühzeitig mitteilen, daß die Abnehmer darauf reagieren können. Einzelvertragliche Bezugsbedingungen bleiben hiervon unberührt.
2. Bindet der Verlag die Ladenpreise, gelten die Bestimmungen des Sammelreverses. Änderungen, auch der Sonderpreise und der Sonderbedingungen, hat er mit der festgelegten Vorlauffrist im BÖRSENBLATT oder seinen Abnehmern direkt anzuzeigen.
3. Die Vergünstigungen bei Partiebezügen gelten nur, wenn die dafür vorgesehene Stückzahl auf einmal bestellt wird. Gestattet der Verlag eine Partieergänzung, so ist diese nur innerhalb eines Zeitraumes bis zu sechs Monaten zulässig. Der Erstbezug ist bei Bestellung anzugeben.
4. Sofern ein Verlag den gebundenen Ladenpreis eindruckt, auf Buchlaufkarte vermerkt oder etikettiert, ist er verpflichtet, jeweils nur Exemplare mit Angabe des gültigen Ladenpreises auszuliefern.
5. Erhöht der Verlag die Preise, sind alle bis zum Stichtag aufgegebenen Bestellungen zum alten Preis auszuführen. Bei Preissenkungen sind die Bestellungen ab Stichtag zum neuen Preis auszuführen.
6. Hebt der Verlag gebundene Ladenpreise auf oder setzt er Ladenpreise herab oder trifft er Maßnahmen, die einer Aufhebung des Ladenpreises gleichkommen, so ist er verpflichtet, innerhalb der letzten zwölf Monate vom Abnehmer bezogene und dort vorrätige Exemplare zurückzunehmen. Bei Lieferungen über Buchgroßhandlungen erfolgt die Remission über diese. Maßgebend für die Frist ist der Zeitpunkt der ordnungsgemäßen Bekanntgabe der Preisherabsetzung.

7. Bei Preisherabsetzungen kann der Verlag statt der Rücknahme dem Abnehmer auch den Unterschied der Nettopreise vergüten, wobei diese nach dem ursprünglich gewährten Rabattsatz zu berechnen sind.
8. Der Anspruch des Abnehmers auf Rücknahme muß beim Verlag innerhalb von sechs Wochen ab Bekanntgabe der Preisaufhebung oder -herabsetzung geltend gemacht werden. Für Buchgroßhandlungen gilt eine Frist von drei Monaten. Auf Verlangen des Verlages muß der Abnehmer die Voraussetzungen für die Remission gem. Abs. 6 durch Angabe der Bezugsdaten nachweisen.
9. Der Übergang von Verlagsrechten an Werken von einem Verlag auf einen anderen sowie die damit etwa vorgenommenen Änderungen der gebundenen Preise sind vom erwerbenden Verlag unverzüglich im BÖRSENBLATT zu veröffentlichen oder seinen Abnehmern direkt mitzuteilen. Der erwerbende Verlag ist gehalten, die zwischen dem veräußernden Verlag und dem Abnehmer vereinbarten Bezugsbedingungen zu übernehmen, soweit es sich um Rechtsfolgen aus bereits geschlossenen Verträgen handelt.
10. Subskriptionspreise gelten für den Abnehmer bis zu sieben Werktage nach Ablauf der für den Endabnehmer verbindlichen Subskriptionsfrist.

§ 4 Änderungen der Bezugsbedingungen

1. Eine Bestellung kann zu veränderten Bezugsbedingungen nur ausgeführt werden, wenn diese rechtzeitig im BÖRSENBLATT oder dem Abnehmer direkt mitgeteilt worden sind. Aufhebung oder Einschränkung der offenen Rechnung gilt in diesem Fall nicht als Änderung der Bezugsbedingungen.
2. Bei Lieferung von Fortsetzungswerken ist der Verlag gegenüber dem Abnehmer der früheren Teile des Werkes zur Änderung seiner Bezugsbedingungen für das Werk nicht berechtigt. Das gleiche gilt auch für in Subskription bestellte Werke ohne Rücksicht darauf, ob es sich um Fortsetzungswerke handelt. Der neue Jahrgang, Band usw. eines periodisch erscheinenden Werkes gilt nicht als Fortsetzung im Sinne vorstehender Bestimmung.
3. Bei Zeitschriften ist eine Änderung der Bezugsbedingungen nur zum Ablauf des Bezugszeitraums mit mindestens zweimonatiger Vorankündigung möglich.
4. Der Verlag ist jedoch berechtigt, die Bezugsbedingungen jederzeit zu ändern,wenn der Abnehmer die ihm gegenüber eingegangenen Verpflichtungen aus Lieferungsverträgen im allgemeinen geschäftlichen Verkehr nicht erfüllt hat.

§ 5 Bestellungen

1. Für die Rechtsgültigkeit einer Bestellung genügt die Verwendung von Bestellformularen (Bestellzettel), welche die Firma des Abnehmers aufgedruckt oder aufgestempelt tragen. Entsprechendes gilt für elektronische Absenderangaben.
2. Kann eine Bestellung nicht in einer dem Charakter der Bestellung angemessenen Frist ausgeführt werden, so hat der Verlag dem Abnehmer die Lieferungszeit unverzüglich mitzuteilen. Ist er dazu außerstande, so hat er vor Ausführung der Bestellung beim Abnehmer unmittelbar anzufragen, ob die Bestellung noch ausgeführt werden soll. Nichtbeantwortung dieser Anfrage innerhalb von zwei Wochen gilt als Zustimmung. Hat der Verlag eine wesentliche Lieferungsverzögerung nicht mitgeteilt, so hat er die verspätete Lieferung auf Verlangen und eigene Kosten zurückzunehmen.
3. Angemahnte Bestellungen müssen den deutlich erkennbaren Zusatz „wiederholt“ enthalten sowie das Datum, den Inhalt und den Bestellweg der ersten Bestellung.
4. Der Bezug des ersten Teiles eines Werkes (Band, Lieferung, Nummer)verpflichtet zur Abnahme der später erscheinenden Teile, falls der Verlag dies in seinen Ankündigungen unmißverständlich zum Ausdruck gebracht hat und diese Verpflichtung auf den beigefügten Rechnungen oder Lieferscheinen auffällig und zweifelsfrei ausgedruckt oder sonst auf andere Weise vermerkt ist (Ausnahme: §§ 7 und 8).
5. Der Verlag hat das Bestelldatum und das Bestellzeichen auf Lieferschein und Rechnung anzugeben. Bei Unklarheiten hat der Verlag unverzüglich den Nachweis der ordnungsgemäßen Bestellung zu führen.
6. Bestellungen gelten grundsätzlich als fest, wenn sie nicht zweifelsfrei anders bezeichnet sind.

7. Fest gelieferte Werke bleiben bis zur vollständigen Bezahlung Eigentum des liefernden Verlages. Solange der Eigentumsvorbehalt besteht, darf der Abnehmer die Werke nur im ordnungsgemäßen Geschäftsbetrieb veräußern und ohne Zustimmung des Verlages weder verpfänden noch zur Sicherheit übereignen.
8. Beim Verlag direkt eingehende Bestellungen von Endabnehmern, die einem Abnehmer durch Lieferung zur Ausführung überwiesen werden, gelten als Bestellung dieses Abnehmers, falls er dieser Regelung grundsätzlich zugestimmt hat.
9. Die Kosten der traditionellen Bestellübermittlung trägt der Abnehmer.*
10. Ist ein Werk in verschiedenen Einbandarten (Ausstattungen) lieferbar, ist bei Fehlen detaillierter Bestellangaben, z. B. ISBN, grundsätzlich die preisniedrigste gebundene Ausgabe zu liefern.

§ 6 Remission

1. Liefert der Verlag entsprechend einer Bestellung Werke mit Remissionsrecht (RR), so hat er auf der Rechnung den Termin anzugeben, bis zu welchem er die Rücksendung gestattet; diese Frist soll in der Regel nicht weniger als zwei Monate betragen. Der vereinbarte Termin ist einzuhalten. Entscheidend ist das Absendedatum. Mit Umtauschrecht anstelle von RR darf der Verlag nur nach vorheriger Zustimmung des Abnehmers liefern. Die Gutschrift für die Rücksendung ist in voller Höhe zu erteilen.
2. Bei Rücksendung aus Festbezügen gilt folgendes:

a) Rücksendungen aus Festbezügen sind nur nach vorheriger Genehmigung oder im Rahmen von Sondervereinbarungen zulässig.
b) Genehmigte Remittenden sind im verlagsneuen Zustand innerhalb von vier Wochen abzusenden. Gefahr und Transportkosten gehen zu Lasten des Abnehmers. Bearbeitungsgebühren oder Rabattkürzungen seitens des Verlages sind nur nach ausdrücklicher vorheriger Vereinbarung zulässig.
c) Beanstandungen müssen unverzüglich, spätestens jedoch innerhalb von vier Wochen, gegenüber dem Abnehmer geltend gemacht werden.

3. Das Fehlen der Originalverpackung berechtigt den Verlag nicht, Rücksendungen zurückzuweisen, wenn ihr sonstiger Zustand einwandfrei ist. Er kann aber in solchem Fall die Selbstkosten für die fehlende Originalverpackung fordern.
4. Der Verlag ist zur Rücknahme fest bestellter Werke nur in den in diesem Paragraphen und in den §§ 5,8, 9, 11, 12 und 13 aufgeführten Fällen verpflichtet. Bei genehmigter Rücknahme oder genehmigtem Umtausch infolge irrtümlicher Bestellung trägt der Abnehmer die Kosten für Hin- und Rücksendung. Der Verlag ist berechtigt, zum Ausgleich seiner innerbetrieblichen Kosten eine angemessene Bearbeitungsgebühr zu verlangen.
5. Der Verlag ist verpflichtet, das Gelieferte innerhalb von zwei Monaten vom Tag der Lieferung an zurückzunehmen und die Kosten für Hin- und Rücksendung zu tragen, wenn er entweder:

a) irrtümlich fest ein anderes als das bestellte Werk geliefert hat oder
b) die Absendung schuldhaft verzögert hat oder
c) eine ausdrücklich gestellte Lieferfrist nicht eingehalten oder sonstige Vorbehalte, z. B. Preisgrenzen, nicht berücksichtigt hat oder
d) zu einem neuen, wesentlich erhöhten Ladenpreis geliefert und die Preiserhöhung nicht ordnungsgemäß zuvor bekanntgegeben hat.

In den Fällen a) – d) kann der Abnehmer binnen vier Wochen nach Eingang der Sendung Rücknahme verlangen. Er hat nur Anspruch auf Aufhebung der Bestellung und Rücknahme der Lieferung, kann jedoch zum Ausgleich seiner innerbetrieblichen Kosten eine angemessene Bearbeitungsgebühr verlangen.

* Die Kostenregelung bleibt einem späteren Zeitpunkt vorbehalten.

§ 7 Zeitschriften

1. Zeitschriften sind periodisch erscheinende Druckwerke mit mindestens zwei Ausgaben jährlich in gleicher Form und Aufmachung. Das Redaktionskonzept mit einer kontinuierlichen und universellen Stoffdarbietung ist auf bestimmte Zielgruppen ausgerichtet, vom breiten Publikum bis hin zu Spezialisten. Zeitschriften enthalten Beiträge mehrerer Autoren, sind für eine unbegrenzte Erscheinungsdauer konzipiert und können im voraus für einen längeren Zeitraum abonniert werden. Sie haben üblicherweise sowohl einen Einzelbezugspreis als auch einen Abonnementpreis.
2. Bei der Lieferung von Zeitschriften an den Abnehmer darf der Verlag diesen gegenüber den direkten Beziehern zeitlich nicht benachteiligen.
3. Zur Fortsetzung ohne bestimmte Zeitangabe bestellte Zeitschriften werden bis zur Abbestellung geliefert, Verlage, die zu jedem Berechnungsabschnitt Neubestellungen wünschen, haben rechtzeitig hierzu aufzufordern.
4. Bei Zeitschriften sind grundsätzlich der Bezugszeitraum und die vom Verlag im Impressum oder auf andere Weise mitgeteilten Kündigungsfristen bindend. Abonnentenaufträge, die ohne zeitliche Begrenzung erteilt werden, verlängern sich automatisch um den jeweils nächsten Bezugszeitraum. Soweit Kunden des Abnehmers erst in den letzten 14 Tagen vor dem festgelegten Kündigungstermin das Abonnement bei diesem kündigen, verlängern sich die Kündigungsfristen bis zu sieben Werktagen.
5. Der Abnehmer kann das Abonnement aus wichtigem Grund kündigen, wenn der Kunde verstorben ist, Zahlungsunfähigkeit vorliegt oder eine Zustellung nachweisbar nicht erfolgen kann. Für die bis zum Zugang einer solchen Kündigung beim Verlag bereits durchgeführten Lieferungen erfolgen keine Gutschriften oder Rückerstattungen, wohl aber für später erscheinende, vorausbezahlte Exemplare.

§ 8 Fortsetzungswerke

1. Fortsetzungswerke im Sinne dieser Bestimmung sind Publikationen, die in mehreren Teilen, in mehr oder weniger regelmäßigen Abständen und nicht mit auf einen Zeitraum festgelegten Laden- oder Subskriptionspreis erscheinen. Dabei ist es unerheblich, ob Teile des Fortsetzungswerkes auch einzeln erhältlich sind.
2. Ist dem Abnehmer der weitere Absatz eines zur Fortsetzung auch in Subskription erhaltenen Werkes an den bisherigen Kunden infolge höherer Gewalt oder deshalb unmöglich geworden, weil dieser gestorben, zahlungsunfähig geworden oder unbekannten Aufenthaltes ist, so muß der Verlag den nicht mehr absetzbaren Teil zurücknehmen, wenn ihm die Unmöglichkeit des Absatzes innerhalb von 3 Monaten nach Eingang der letzten Lieferung mitgeteilt und auf Verlangen die letzte Anschrift des Kunden bekanntgegeben worden ist. Die vom Kunden nicht abgenommene Lieferung ist innerhalb der gleichen Frist an den Verlag zurückzusenden.
3. Die Abnahmepflicht erlischt, falls der Kunde die weitere Abnahme verweigert, weil das Fortsetzungswerk in angemessener Frist nicht abgeschlossen und/oder der in Aussicht gestellte Umfang der weiteren Lieferungen so erheblich überschritten wird, daß dem Kunden die Abnahme billigerweise nicht zugemutet werden kann.

§ 9 Neuerscheinungen und unverlangte Sendungen

1. Als Neuerscheinungen gelten Werke, die zum ersten Mal oder in neuer Auflage (§ 13) veröffentlicht werden.
2. Neuerscheinungen dürfen unverlangt nur an Abnehmer versandt werden, die solche Sendungen grundsätzlich erbeten haben.
3. Verlagswerke, die keine Neuerscheinungen sind, dürfen unverlangt nicht zugesandt werden.
4. Für unverlangte Sendungen trägt der Verlag Gefahr und Kosten der Hin- und Rücksendung sowie weitere angemessene, beim Abnehmer entstandene Kosten.

§ 10 Inhalt und Gewicht der Sendung

1. Der Inhalt einer Sendung gilt als mit der Rechnung übereinstimmend, falls der Abnehmer dem Absender nicht spätestens innerhalb von 14 Tagen nach Eingang der Sendung die Abweichung anzeigt.
2. Die einzelnen Packstücke sollen ein Gewicht von 15 kg nicht überschreiten.

§ 11 Beschädigte und fehlerhafte Werke

1. Ist ein Werk offensichtlich vor der Versendung durch den Verlag schadhaft geworden (z. B. angestoßene Einbände, Flecken und dgl.), so hat der Verlag dieses Mängelexemplar auf seine Kosten umzutauschen oder zurückzunehmen, sofern der Abnehmer dem Verlag die Beschädigung unverzüglich nach Eingang des Werkes anzeigt.
2. Defekte Exemplare (Exemplare mit Herstellungsfehlern) sind auf Verlangen kostenlos zurückzunehmen, umzutauschen oder bei vom Kunden gewünschter Minderung anteilig gutzuschreiben, ggf. nach den Vorschriften der „Vereinfachten Remission". Ist der Verlag zum Umtausch oder zur Ersatzlieferung außerstande, so hat er das Werk auf seine Kosten zurückzunehmen, auch wenn es bereits gebraucht oder vom Käufer individuell bearbeitet wurde.
3. Die ausdrückliche und deutlich hervorgehobene Bemerkung „Vor Absendung verglichen" auf der Rechnung für eine Sendung, die Seltenheiten des Antiquariats, Luxusdrucke, Tafeldrucke u.a. enthält, verpflichtet den Abnehmer zur unverzüglichen Prüfung des Inhalts der Sendung auf offensichtliche und heimliche Mängel. Unterläßt er die Mängelanzeige, so verliert er das Recht, das gelieferte Werk wegen später entdeckter Mängel zu beanstanden.

§ 12 Sendungen unter Vorbehalt

1. Werden bestellte Werke unter einem Vorbehalt (z.B. Abnahmeverpflichtung für noch nicht erschienene Bände) geliefert und ist dies auf der Rechnung auffällig und unzweideutig vermerkt, so gilt die Sendung als angenommen und der Vorbehalt als genehmigt, wenn der Abnehmer nicht unverzüglich nach Empfang der Sendung widerspricht. Im Falle des Widerspruchs hat der Verlag die Sendung zurückzunehmen; der Abnehmer hat sie dem Verlag nach Aufforderung unverzüglich zuzustellen. Der Verlag trägt Gefahr und Kosten der Hin- und Rücksendung.
2. Die Bemerkung auf der Rechnung, daß das Werk nur in Originalverpackung zurückgenommen wird, gilt nicht als Vorbehalt im Sinne dieser Bestimmung, vielmehr ist in einem solchen Fall § 6 Ziff. 3 sinngemäß anzuwenden.

§ 13 Lieferung neuester Auflagen

1. Bestellte Werke sind in neuester Auflage und in vollständigen und unbeschädigten Exemplaren zu liefern.
2. Steht das Erscheinen einer in Inhalt oder Ausstattung wesentlich veränderten neuen Auflage binnen 8 Wochen ab Eingang der Bestellung bevor, so ist der Abnehmer hierauf hinzuweisen und die Bestellung nur bei ausdrücklicher Aufrechterhaltung auszuführen. Wird ohne vorherige Ankündigung geliefert, so ist der Abnehmer zur Rückgabe binnen 14 Tagen nach Erscheinen der veränderten Auflage berechtigt.

§ 14 Versandwege

1. Der Abnehmer schreibt Art und Wege der Versendung generell oder für den Einzelfall vor. Fehlt eine Vorschrift hierüber, muß der Verlag eingehende Bestellungen auf Kosten des Abnehmers auf dem nach seinem Wissen günstigsten Wege ausführen. Berechnet werden die reinen Porto- bzw. Frachtkosten. Verpackung wird grundsätzlich nicht berechnet. Lieferrückstände einzelner Exemplare sind frei nachzuliefern.
2. Wenn nichts anderes vereinbart ist, werden Sendungen über den Sortiments-Kommissionär geliefert. Nach Vereinbarungen zwischen Verlag und Sortiments-Kommissionär können die Sendungen den Sortiments-Kommissionären kostenfrei zugestellt oder von diesen an einem Auslieferungsplatz des Verlages gegen Entgelt abgeholt werden.

3. Will oder kann der Verlag den vorgeschriebenen Versandweg nicht einhalten, ist der Abnehmer sofort zu verständigen, um eine Vereinbarung zu erzielen.
4. Erfolgt die Sendung ausnahmsweise als Postnachnahme, sind Bestellnummer, Bestelldaten und Inhalt der Sendung außen anzugeben. Auf der Faktur ist deutlich zu vermerken: „Durch Nachnahme erhoben".

§ 15 Versandkosten
1. Die Kosten für Zusendung und Rücksendung trägt der Abnehmer, wenn der Versand nach seiner Vorschrift erfolgt ist; andernfalls hat der Verlag nachweisbare Mehrkosten zu tragen.
2. Für Rücksendungen infolge irrtümlicher oder vorschriftswidriger Versendung trägt der schuldige Teil die Kosten einschließlich angemessener Bearbeitungskosten gem. § 6 Ziff. 4.

§ 16 Haftung für Sendungen
1. Für Sendungen oder Rücksendungen, die auf Verlangen des Empfängers erfolgen, haftet dieser vom Augenblick der Übergabe an den Transportführer.
2. Wird entgegen dem ausdrücklichen Auftrag ohne wichtigen Grund anders versandt, haftet der Absender für den dadurch entstandenen Schaden.

§ 17 Haftung des Sortiments-Kommissionärs
1. Die Haftung des Sortiments für zugehende Sendungen beginnt mit der Übergabe an seinen Kommissionär und endet für Rücksendungen mit der Übergabe an den Kommissionär des Verlages oder an den Verlag selbst.
2.
a) Der Kommissionär haftet für die nachweislich durch sein Verschulden in Verlust geratenen oder beschädigten Sendungen.
b) Ist eine Schuld nicht festzustellen (insbesondere bei Abgabe der Pakete ohne Quittung des Bücherwagendienstes oder zum Zeitpunkt der Übergabe erstellter Avise), so haben der Abnehmer (als Absender oder Empfänger) und die beteiligten Kommissionäre dem Verlag die Hälfte des Rechnungsbetrages der in Verlust geratenen oder beschädigten Sendung in gleichen Teilen zu ersetzen.
3. Die Haftung erlischt in allen Fällen und für alle Beteiligten nach Ablauf von drei Monaten nach Sendungsübergabe.
4. Der Abnehmer haftet nicht, wenn der Verlag den von ihm bestimmten Versandweg nicht eingehalten hat.

§ 18 Beschlagnahme von Werken
1. Werden gelieferte Werke des Inhalts oder der Ausstattung wegen beim Abnehmer beschlagnahmt, so fällt der Schaden dem Verlag zur Last.
2. Die Tatsache der Beschlagnahme hat der Abnehmer, der Schadenersatzansprüche geltend machen will, dem Verlag unverzüglich unter Bekanntgabe der Gründe und der Beschlagnahmeverfügung mitzuteilen.
3. Die Schadenersatzleistung des Verlages erstreckt sich auf die Erstattung des bei der Lieferung berechneten Nettopreises und der entstandenen Versandkosten, nicht dagegen auf die Vergütung eines entgangenen Gewinnes.

§ 19 Rechnungsstellung
1. Der Verlag liefert fest verlangte Werke je nach Vereinbarung mit dem Abnehmer:
a) in Rechnung mit periodischem Zahlungsziel (z.B. Monatskonto),
b) mit im einzelnen bestimmtem Zahlungsziel,
c) zahlbar nach Empfang,
d) zahlbar durch BAG.
Das Rechnungsdatum darf nicht vor dem Versanddatum liegen. In begründeten Ausnahmefällen liefert er durch Nachnahme oder gegen Vorfaktur.

2. Bei Lieferung in Rechnung versendet der Verlag in der Regel Kontoauszüge über die in der Rechnungsperiode bewirkten Lieferungen, welche bis zum 20. Tag nach Ablauf der betreffenden Rechnungsperiode zu begleichen sind. Bei Unstimmigkeiten, die unverzüglich mitzuteilen sind, hat der Abnehmer zunächst den nach seinen Buchungen fälligen unstrittigen Teil des Gesamtbetrages zu zahlen. Der strittige Differenzbetrag darf vom Verlag bis zur Klärung nicht eingezogen werden. Der Verkehr in offener Rechnung begründet keinen Anspruch auf unbeschränkten Kredit.
3. Einzellieferungen mit bestimmten Zahlungszielen hat der Abnehmer zum Fälligkeitstermin auch ohne besondere Erinnerung durch den Verlag zu begleichen.
4. Zahlbar nach Empfang bedeutet Zahlung innerhalb von 30 Tagen nach Rechnungsdatum. Bei Zahlung innerhalb von acht Tagen kann Skonto gewährt werden.

§ 20 Verrechnung von Hörerscheinen
Hörerscheine werden auf Veranlassung von Verlagen ausgegeben. Der Nachlaß wird je zur Hälfte vom Verlag und vom Sortiment getragen. Dies gilt auch für die über die Buchgroßhandlungen bezogenen und mit Hörerschein verkauften Exemplare. Soweit der Verlag Hörerscheine zuläßt, sind diese, gesammelt, mindestens halbjährlich, zur Gutschrift einzureichen. Eine Nachbezugspflicht besteht nicht, deshalb kann der Verlag eine Verrechnung auch nicht von einer Neubestellung abhängig machen.

Wettbewerbsregeln des Börsenvereins des Deutschen Buchhandels*

Zur rechtlichen Bedeutung der nunmehr wirksam gewordenen Wettbewerbsregeln: Ihre Einhaltung gehört nach § 10 Abs. 1 Ziff. 3 der Satzung des Börsenvereins zu den Mitgliedspflichten. Verstöße gegen die Regeln können daher nunmehr nach § 15 der Satzung durch Verwarnung, Geldbuße oder Ausschließung geahndet werden. Vielleicht wichtiger noch ist die Bedeutung der Regeln für zivilrechtliche Auseinandersetzungen. Auch wenn die Gerichte formell nicht an die Regeln gebunden sind, wird man davon ausgehen können, daß sie, soweit es um den lauteren Wettbewerb geht, die Regeln als Konkretisierung der Generalklauseln des Gesetzes gegen den unlauteren Wettbewerb ansehen werden.

Präambel

Leistungsorientierter Wettbewerb im Rahmen der sozialen Marktwirtschaft ist die Basis des geschäftlichen Verkehrs im Buchhandel. Die Grundsätze lauteren Wettbewerbs sind einzuhalten. Zu unterlassen sind Handlungen, die den guten kaufmännischen Sitten zuwiderlaufen. Den Maßstab für den Begriff der kaufmännischen Sitten bildet die allgemeine Verkehrsauffassung in Verbindung mit den Handelsbräuchen und der Berufsauffassung des deutschen Buchhandels.

I. Vertrieb von preisgebundenen Verlagserzeugnissen

Beim Vertrieb preisgebundener Verlagserzeugnisse verstößt ein Verlag gegen die Grundsätze lauteren Wettbewerbs:

1. wenn er buchhändlerische Abnehmer oder eine Abnehmergruppe ohne sachlich gerechtfertigten Grund dadurch benachteiligt, daß er diese erst zu einem späteren Zeitpunkt über seine Neuerscheinungen unterrichtet und/oder beliefert als andere Abnehmer;
2. wenn er Verlagserzeugnisse an Endabnehmer im Direktverkehr zu anderen Preisen anbietet oder verkauft, als er sie für den Verkauf an Endabnehmer durch den verbreitenden Buchhandel festgesetzt hat;
3. wenn er es unterläßt, dem verbreitenden Buchhandel etwaige Mengenpreise (die für Endabnehmer gelten) generell oder auf Anfrage bekanntzugeben.

II. Mitteilungspflicht bei Parallelausgaben

Erscheint neben der preisgebundenen Originalausgabe eines Werks eine inhaltlich identische oder geringfügig veränderte Parallelausgabe unter demselben oder einem anderen Titel als Sonderausgabe, bibliophile Ausgabe, Taschenbuchausgabe, Buchgemeinschaftsausgabe oder dergleichen, so ist der Verlag der Originalausgabe verpflichtet, darüber den verbreitenden Buchhandel rechtzeitig zu unterrichten. Soweit die Parallelausgabe über den Buchhandel vertrieben wird, hat der Verlag seine Mitteilungspflicht erfüllt, wenn der die Parallelausgabe veranstaltende Verlag in seinen Programmankündigungen oder auf eine andere geeignete Weise darauf hinweist. Sofern die Rechte zur Herausgabe einer Buchgemeinschaftsausgabe einer Buchgemeinschaft eingeräumt werden, hat der Verlag seiner Mitteilungspflicht genügt, wenn die Buchgemeinschaft die Redaktion des Börsenblatts für den Deutschen Buchhandel über das Erscheinen von Lizenztiteln durch Übersendung der ersten Exemplare der Programmzeitschrift, in denen diese Neuerscheinungen angekündigt werden, unterrichtet.

* Diese Wettbewerbsregeln wurden 1986 vom Bundeskartellamt anerkannt.

III. Werbung mit dem niedrigeren Preis
Wird ein bereits erschienenes Werk auch von einer Buchgemeinschaft herausgegeben, so darf mit dem niedrigeren Preis der Buchgemeinschaftsausgabe nicht geworben werden – insbesondere nicht durch Gegenüberstellung des Preises der Originalausgabe mit dem der Buchgemeinschaft, wenn nicht klargestellt ist, daß der Erwerb der Buchgemeinschaftsausgabe im Rahmen einer Mitgliedschaft erfolgt.

IV. Änderung oder Aufhebung von Ladenpreisen
Die Bekanntgabe von Änderungen und der Aufhebung von gebundenen Ladenpreisen muß im Börsenblatt für den Deutschen Buchhandel mindestens 14 Tage vor Inkrafttreten der Änderung oder der Aufhebung des Ladenpreises erfolgen.

V. Werbung für nicht mehr preisgebundene Verlagserzeugnisse (Modernes Antiquariat, Mängelexemplare, Sonderausgaben)
1. Verlagserzeugnisse, für die der Verleger die Preisbindung aufgehoben hat, oder preisgebundene Verlagserzeugnisse, die wegen materieller Mängel nicht mehr zum gebundenen Preis verkäuflich sind (Mängelexemplare), dürfen nur so angeboten werden, daß beim Publikum nicht der Eindruck entsteht, es würden gebundene Preise unterschritten. In den Schaufenstern, Prospekten, Katalogen, Anzeigen und anderen Werbemitteln für solche Verlagserzeugnisse muß deshalb deutlich auf den jeweils zutreffenden Grund für die Herabsetzung des Preises hingewiesen werden (zum Beispiel „Modernes Antiquariat“, „antiquarisch“, „Ladenpreis aufgehoben“, „Auflagenrest“, „vorletzte Auflage“ einerseits oder „Mängelexemplare“ andererseits).
2. In Schaufenstern und Werbemitteln, durch die ausschließlich Werke gemäß Abs. 1 angeboten werden, genügt ein genereller Hinweis auf den Grund der Preisherabsetzung an deutlich sichtbarer Stelle. Werden dagegen sowohl preisgebundene als auch nicht mehr preisgebundene Werke in einem Schaufenster oder Werbemittel angeboten, so muß bei jedem einzelnen preisermäßigten Titel der Grund für die Herabsetzung deutlich vermerkt sein.
3. Die Preise von Nach- und Neudrucken ehemals preisgebundener Verlagserzeugnisse dürfen dem früher gebundenen Ladenpreis der Originalausgabe nur gegenübergestellt werden, wenn sie nach Inhalt, Ausstattung und Qualität mit der Originalausgabe absolut identisch sind.
4. Remittierte preisgebundene Verlagserzeugnisse dürfen nur verbilligt abgegeben werden, wenn sie Mängel im Sinne von Abs. 1 aufweisen.

VI. Abonnenten-, Direktkunden-, Adressenschutz
Unlauter handelt, wer
1. die von einem buchhändlerischen Unternehmen selbst oder von Dritten geworbenen Abonnenten dazu veranlaßt, bei ihrem bisherigen Vertragspartner abzubestellen, um die Belieferung selbst direkt oder indirekt zu übernehmen, indem er vervielfältigte Vollmachten oder Kündigungsschreiben zur Verfügung stellt oder die Kündigungsformalitäten für den Abonnenten durchführt;
2. als Verlag die ihm von einer Buchhandlung zur Direktbelieferung bzw. -einweisung anvertrauten Kundenadressen ohne deren Zustimmung verwendet, z.B. an Dritte weitergibt.

VII. Schaufenster-, Schaukasten- und Regalmiete, Anzapfen
1. Wer Verlagserzeugnisse in Schaufenstern, Schaukästen, Regalen usw. zur Schau stellt, darf dafür von Lieferanten keine Sonderleistungen verlangen oder annehmen.
2. Eine Buchhandlung handelt unlauter, wenn sie unter Zufügung oder Androhung von Nachteilen bare oder unbare Zuschüsse oder Geschenke, beispielsweise für Geschäftseröffnungen, zum Umbau oder zu Jubiläen oder für die Aufnahme von Verlagserzeugnissen in einen Werbekatalog oder Werbeprospekt, Werbekostenbeiträge in Bargeld, Belegstücken, Inseraten usw. verlangt.

VIII. Schaufensteraktionen

Schaufensteraktionen zur Werbung für Verlagserzeugnisse verstoßen gegen die Grundsätze des lauteren Wettbewerbs, wenn übermäßig hohe und/oder viele Preise, Prämien oder sonstige unangemessen hohe Gegenleistungen gewährt werden oder wenn die erhöhte Gefahr einer Behinderung, Verdrängung oder eines Ausschlusses der Verlagserzeugnisse anderer Mitbewerber besteht, beispielsweise durch die Reservierung von Schaufenstern für einen unangemessen langen Zeitraum. Unlauter handelt daher:

1. wer Schaufensteraktionen veranstaltet, bei denen die Belegdauer der Schaufenster 14 Tage übersteigt, bei denen der erste Preis einen höheren Marktwert als 2 000 Mark hat oder bei dem die Gesamtheit der Preise einen Marktwert von 10 000 Mark übersteigt oder bei dem Mitmachpräsente oder Display-Artikel mit Zweitnutzen mit einem höheren Marktwert als 150 DM für alle Teilnehmer abgegeben werden*;
2. wer sich als verbreitender Buchhändler an solchen unlauteren Schaufensteraktionen beteiligt.

IX. Veranstaltungen der Verlage für ihre Handelspartner und deren Mitarbeiter

Verlage verstoßen gegen den lauteren Wettbewerb, wenn sie für ihre Handelspartner oder deren Mitarbeiter Gewinnspiele, Preisausschreiben, Reisen oder ähnliche Veranstaltungen mit unangemessen hohen Preisen oder unangemessen hohem Wert durchführen, um Bestellungen oder eine besondere Behandlung ihrer Verlagserzeugnisse herbeizuführen oder den Verkauf von Verlagserzeugnissen anderer Lieferanten zu unterbinden oder zu beeinträchtigen.

X. Mindestbestellgrößen

Sind preisgebundene Verlagserzeugnisse generell oder im Einzelfall nur beim Verlag oder bei der Verlagsauslieferung direkt beziehbar, so dürfen keine Mindestbestellgrößen gefordert werden.

* Diese DM-Angaben sind in Euro umzurechnen.

Spartenpapier

Verhaltensgrundsätze des Buchhandels

Endgültige mit dem Bundeskartellamt abgestimmte Fassung

Das von den Teilnehmern der Spartengespräche und den Gremien des Börsenvereins erarbeitete und im Börsenblatt 77/84 veröffentlichte Spartenpapier wurde auf Verlangen den Bundeskartellamts in den Ziffern II, 2 und 3 geändert. Diese geänderte im folgenden abgedruckte Fassung hat der Vorstand des Börsenvereins in seiner Sitzung vom 16. Januar 1985 nach vorheriger Abstimmung mit den Teilnehmern des Spartengesprächs verabschiedet. Der Vorstand stellte dabei mit Befriedigung fest, daß die vorgenommenen Änderungen Geist und Zielsetzung des Papiers nicht beeinträchtigen und daß sich die Verhaltensgrundsätze für die Lösung der aufgetretenen Probleme schon als hilfreich erwiesen haben.

Orientierungshilfe für das Verhalten gegenüber den Partnern der jeweils anderen Sparten

Präambel: Verlag, Sortiment und Zwischenbuchhandel betrachten das breitgefächerte Angebot von Literatur an jedermann und an möglichst vielen Orten als ihre gemeinsame Aufgabe. Erfüllbar wird diese Aufgabe durch die Leistungen des Sortimentsbuchhandels in Gestalt von Lagerhaltung, Besorgung und Beratung sowie durch die Leistungen aller anderen Zweige des verbreitenden Buchhandels. Unerläßliche Voraussetzung hierfür ist die Bereitschaft der Verlage und der Barsortimente zu nachfragegerechter Lieferung, ergänzt durch zweckdienliche Informationen und andere Dienstleistungen.

Alle Sparten des Buchhandels sollen ihre Tätigkeit so gestalten, daß Wettbewerb möglich ist, erhalten und gefördert wird, nicht nur in der eigenen, sondern auch in den anderen Sparten.

Statt eines die Rationalität des Vertriebs störenden Verdrängungswettbewerbs innerhalb der und unter den Sparten soll ein ausgewogenes System beschriebener Aufgaben gelten, das insbesondere auch im Einklang mit den Grundsätzen der Preisbindung steht. Diese ist unabdingbar für die Erfüllung des buchhändlerischen Auftrags.

Angesichts der engen Verflechtung der Sparten muß Kooperation vor kurzfristigen Ertragsverbesserungen durch einseitige Maßnahmen stehen. Erhaltung der Lebensfähigkeit einer Vielzahl von Firmen auf allen Stufen soll Gesichtspunkt bei allen marktpolitischen Maßnahmen, insbesondere auch bei der Festlegung von Konditionen sein.

Die Zukunft der gedruckten Medien und damit auch des Buchhandels hängt entscheidend davon ab, daß Buch und Zeitschrift als konkurrenzlos vielfältige Quelle von Informationen und Unterhaltung in der Öffentlichkeit präsent sind. Alle Sparten des Buchhandels sind aufgerufen, sich untereinander umfassend zu informieren und das Bewußtsein für das breite Angebot des Buchhandels in der Öffentlichkeit wachzuhalten und zu fördern.

I. Verlage

1. Die Verlage werden bei ihrer Konditionengestaltung darauf achten, daß auch kleinere Sortimente und Barsortimente wettbewerbsfähig bleiben.
   - So werden die Verlage im Interesse eines wirtschaftlichen Bezugs durch das Sortiment darauf achten, daß das Barsortiment möglichst viele ihrer Titel führt.
   - Die Verlage werden weiter bei ihrer Konditionengestaltung dafür sorgen, daß der Einzelbezug von nur beim Verlag geführten Titeln erleichtert wird. Sie sind jederzeit bereit, solche Einzelbestellungen auszuführen.

- Barsortimente werden von den Verlagen ohne sachlich gerechtfertigten Grund nicht zu ungünstigeren Bedingungen beliefert, als sie maximal Firmen oder Gruppierungen des Einzelhandels oder branchenfremden Unternehmen, insbesondere Großhändlern, eingeräumt werden.

2. Die Verlage werden einen möglichst stetigen Konditionenrahmen anstreben, auch unter der Berücksichtigung des Redaktionsschlusses des VLB und der Barsortimentskataloge, damit die Handelspartner Sortiment und Barsortiment eine langfristige Entscheidungsbasis haben.
3. Das Sortiment ist der Hauptvertriebspartner der Verlage; die Verlage beachten das bei ihren Vertriebs- und Werbemaßnahmen.
4. Die Verlage werden den Buchhandel frühzeitig und fortlaufend über ihre Produktion informieren, insbesondere durch VLB, Börsenblatt-Anzeigen, Rundschreiben und Vertreter.
5. Die Verlage werden ihre Mengennachlässe entweder generell oder auf Anfrage bekanntgeben, wobei sie sicherstellen werden, daß keine unterschiedlichen Bekanntgaben erfolgen.

II. Zwischenbuchhandel

1. Das Barsortiment versteht sich nicht als Konkurrent der Verlage, sondern als zweiseitiges Dienstleistungsunternehmen für Sortiment und Verlag.
2. Die Barsortimente werden bedenken, daß durch eine zu starke Differenzierung ihrer Konditionen die kleinen und mittleren Kunden im Wettbewerb benachteiligt werden könnten.
3. Soweit Barsortiment und Verlagsauslieferung in einer Hand liegen, werden sie streng getrennt geführt; der Datenschutz wird gewährleistet. Es wird keine bevorzugte Lieferung des eigenen Barsortiments erfolgen. Selbstausliefernde Verlage werden durch das Barsortiment und das Kommissionsgeschäft nicht benachteiligt.
4. Die Barsortimente werden ihre Lagerhaltung aufgrund einer angemessenen Mischkalkulation, orientiert an den Bedürfnissen des Sortiments, gestalten.
5. Ohne sachliche Gründe wird keine unterschiedliche Behandlung von Verlagen bei der Lagerhaltung erfolgen.
6. Die Barsortimente sind bereit, mit den Verlagen einen ständigen Informationsaustausch über ihre Lagerpolitik und deren Veränderung zu führen.
7. Die Barsortimente werden ihr Bestellverhalten an den gewährten Großhandelskonditionen orientieren.
8. Der Zwischenbuchhandel wird sich an einem integrierten Informations- und Bestellsystem beteiligen.
9. Der Zwischenbuchhandel wird die Teilnahme neuer Verlage und Buchhandlungen am Geschäftsverkehr erleichtern.

III. Sortiment

1. Als Voraussetzung für die Erhaltung der Preisbindung wird das Sortiment breite Lagerhaltung – unter Berücksichtigung der Backlist – pflegen und das Besorgungsgeschäft in vollem Umfang aufrechterhalten.
2. Das Sortiment wird durch kundenorientierte, aktive Vertriebs- und Dienstleistungen die Literaturverbreitung fördern.
3. Im Interesse der Literaturvielfalt wird das Sortiment bei seinem Einkaufsverhalten insbesondere auch kleineren Verlagen eine Chance einräumen.
4. Durch rationelles Bestellverhalten, insbesondere Auftragsbündelung, wird das Sortiment zur Reduzierung der Bestell- und Vertriebskosten beitragen. Hierzu gehört auch eine vernünftige Aufteilung der Aufträge auf Verlag und Barsortiment.
5. Das Sortiment wird Remissionen nur im Einvernehmen mit dem Verlag vornehmen.
6. Das Sortiment arbeitet bei seiner Information über Programme und Neuerscheinungen aktiv mit den Verlagen und deren Vertretern zusammen.

Preisbindungsgesetz

Gesetz zur Regelung der Preisbindung bei Verlagserzeugnissen
– Vom 2. September 2002 –

Der Bundestag hat das folgende Gesetz beschlossen:

Artikel 1
Gesetz über die Preisbindung für Bücher
(Buchpreisbindungsgesetz)

§ 1 Zweck des Gesetzes
Das Gesetz dient dem Schutz des Kulturgutes Buch. Die Festsetzung verbindlicher Preise beim Verkauf an Letztabnehmer sichert den Erhalt eines breiten Buchangebots. Das Gesetz gewährleistet zugleich, dass dieses Angebot für eine breite Öffentlichkeit zugänglich ist, indem es die Existenz einer großen Zahl von Verkaufsstellen fördert.

§ 2 Anwendungsbereich
(1) Bücher im Sinne dieses Gesetzes sind auch
  1. Musiknoten
  2. kartographische Produkte,
  3. Produkte, die Bücher, Musiknoten oder kartographische Produkte reproduzieren oder substituieren und bei Würdigung der Gesamtumstände als überwiegend verlags- oder buchhandelstypisch anzusehen sind sowie
  4. kombinierte Objekte, bei denen eines der genannten Erzeugnisse die Hauptsache bildet.

(2) Fremsprachige Bücher fallen nur dann unter dieses Gesetz, wenn sie überwiegend für den Absatz in Deutschland bestimmt sind.
(3) Letztabnehmer im Sinne dieses Gesetzes ist, wer Bücher zu anderen Zwecken als dem Weiterverkauf erwirbt.

§ 3 Preisbindung
Wer gewerbs- oder geschäftsmäßig Bücher an Letztabnehmer verkauft, muss den nach § 5 festgesetzten Preis einhalten. Die gilt nicht für den Verkauf gebrauchter Bücher.

§ 4 Grenzüberschreitende Verkäufe
(1) Die Preisbindung gilt nicht für grenzüberschreitende Verkäufe innerhalb des Europäischen Wirtschaftsraumes.
(2) Der nach § 5 festgesetzte Endpreis ist auf grenzüberschreitende Verkäufe von Büchern innerhalb des Europäischen Wirtschaftsraumes anzuwenden, wenn sich aus objektiven Umständen ergibt, dass die betreffenden Bücher allein zum Zweck ihrer Wiedereinführ ausgeführt worden sind, um dieses Gesetz zu umgehen.

§ 5 Preisfestsetzung
(1) Wer Bücher verlegt oder importiert, ist verpflichtet, einen Preis einschließlich Umsatzsteuer (Endpreis) für die Ausgabe eines Buches für den Verkauf an Letztabnehmer festzusetzen und in geeigneter Weise zu veröffentlichen. Entsprechendes gilt für Änderungen des Endpreises.
(2) Wer Bücher importiert, darf zur Festsetzung des Endpreises den vom Verleger des Verlagsstaates für Deutschland empfohlenen Letztabnehmerpreis einschließlich der in Deutschland jeweils geltenden Mehrwertsteuer nicht unterschreiten. Hat der Verleger keinen Preis für Deutschland empfohlen, so darf der Importeur zur Festsetzung des Endpreises den für den Verlagsstaat festgesetzten oder empfohlenen Nettopreis des Verlegers für Endabnehmer zuzüglich der in Deutschland jeweils geltenden Mehrwertsteuer nicht unterschreiten.

(3) Wer als Importeur Bücher in einem Vertragsstaat des Abkommens über den Europäischen Wirtschaftsraum zu einem von den üblichen Einkaufspreisen im Einkaufsstaat abweichenden niedrigeren Einkaufspreis kauft, kann den gemäß Absatz 2 festzulegenden Endpreis in dem Verhältnis herabsetzen, wie es dem Verhältnis des erzielten Handelsvorteils zu den üblichen Einkaufspreisen im Einkaufsstaat entspricht; dabei gelten branchentypische Mengennachlässe und entsprechende Verkaufskonditionen als Bestandteile der üblichen Einkaufspreise.

(4) Verleger oder Importeure können folgende Endpreise festsetzen:
1. Serienpreise,
2. Mengenpreise,
3. Subskriptionspreise,
4. Sonderpreise für Institutionen, die bei der Herausgabe einzelner bestimmter Verlagswerke vertraglich in einer für das Zustandekommen des Werkes ausschlaggebenden Weise mitgewirkt haben,
5. Sonderpreise für Abonnenten einer Zeitschrift beim Bezug eines Buches, das die Redaktion dieser Zeitschrift verfasst oder herausgegeben hat, und
6. Teilzahlungszuschläge.

(5) Die Festsetzung unterschiedlicher Endpreise für einen bestimmten Titel durch einen Verleger oder Importeur oder deren Lizenznehmer ist zulässig, wenn dies sachlich gerechtfertigt ist.

§ 6 Vertrieb

(1) Verlage müssen bei der Festsetzung ihrer Verkaufspreise und sonstigen Verkaufskonditionen gegenüber Händlern den von kleineren Buchhandlungen erbrachten Beitrag zur flächendeckenden Versorgung mit Büchern sowie ihren buchhändlerischen Service angemessen berücksichtigen. Sie dürfen ihre Rabatte nicht allein an dem mit einem Händler erzielten Umsatz ausrichten.

(2) Verlage dürfen branchenfremde Händler nicht zu niedrigeren Preisen oder günstigeren Konditionen beliefern als den Buchhandel.

(3) Verlage dürfen für Zwischenbuchhändler keine höheren Preise oder schlechteren Konditionen festsetzen als für Letztverkäufer, die sie direkt beliefern.

§ 7 Ausnahmen

(1) § 3 gilt nicht beim Verkauf von Büchern
1. an Verleger oder Importeure von Büchern, Buchhändler oder deren Angestellte und feste Mitarbeiter für deren Eigenbedarf,
2. an Autoren selbstständiger Publikationen eines Verlages für deren Eigenbedarf,
3. an Lehrer zum Zwecke der Prüfung einer Verwendung im Unterricht,
4. als Mängelexemplare, die verschmutzt oder beschädigt sind oder einen sonstigen Fehler aufweisen.

(2) Beim Verkauf von Büchern können wissenschaftlichen Bibliotheken, die jedem auf ihrem Gebiet wissenschaftlich Arbeitenden zugänglich sind, bis zu 5 Prozent, jedermann zugänglichen kommunalen Büchereien, Landesbüchereien und Schülerbüchereien sowie konfessionellen Büchereien und Truppenbüchereien der Bundeswehr und des Bundesgrenzschutzes bis zu 10 Prozent Nachlass gewährt werden.

(3) Bei Sammelbestellungen von Büchern für den Schulunterricht, die überwiegend von der öffentlichen Hand finanziert werden, gewähren die Verkäufer folgende Nachlässe:
1. bei einem Auftrag im Gesamtwert bis zu 25 000 Euro für Titel mit

mehr als 10 Stück	8 Prozent Nachlass
mehr als 25 Stück	10 Prozent Nachlass
mehr als 100 Stück	12 Prozent Nachlass
mehr als 500 Stück	13 Prozent Nachlass

2. bei einem Auftrag im Gesamtwert von mehr als
   25 000 Euro 13 Prozent Nachlass
   38 000 Euro 14 Prozent Nachlass
   50 000 Euro 15 Prozent Nachlass

Soweit Schulbücher von den Schulen im Rahmen eigener Budgets angeschafft werden, ist stattdessen ein genereller Nachlass von 12 Prozent für alle Sammelbestellungen zu gewähren.

(4) Der Letztverkäufer verletzt seine Pflicht nach § 3 nicht, wenn er anlässlich des Verkaufs eines Buches
1. Waren von geringem Wert oder Waren, die im Hinblick auf den Wert des gekauften Buches wirtschaftlich nicht ins Gewicht fallen, abgibt,
2. geringwertige Kosten der Letztabnehmer für den Besuch der Verkaufsstelle übernimmt,
3. Versand- oder besondere Beschaffungskosten übernimmt oder
4. andere handelsübliche Nebenleistungen erbringt.

§ 8 Dauer der Preisbindung

(1) Verleger und Importeure sind berechtigt, durch Veröffentlichung in geeigneter Weise die Preisbindung für Bücher zu beenden, die zu einer vor mindestens 18 Monaten hergestellten Druckauflage gehören.

(2) Bei Büchern, die in einem Abstand von weniger als 18 Monaten wiederkehrend erscheinen oder deren Inhalt mit dem Erreichen eines bestimmten Datums oder Ereignisses erheblich an Wert verliert, ist eine Beendigung der Preisbindung durch den Verleger oder Importeur ohne Beachtung der Frist gemäß Absatz 1 nach Ablauf eines angemessenen Zeitraums seit Erscheinen möglich.

§ 9 Schadenersatz- und Unterlassungsansprüche

(1) Wer den Vorschriften dieses Gesetzes zuwiderhandelt, kann auf Unterlassung in Anspruch genommen werden. Wer vorsätzlich oder fahrlässig handelt, ist zum Ersatz des durch die Zuwiderhandlung entstandenen Schadens verpflichtet.

(2) Der Anspruch auf Unterlassung kann nur geltend gemacht werden
1. von Gewerbetreibenden, die Bücher vertreiben,
2. von rechtsfähigen Verbänden zur Förderung gewerblicher Interessen, soweit ihnen eine erhebliche Zahl von Gewerbetreibenden angehört, die Waren oder gewerbliche Leistungen gleicher oder verwandter Art auf demselben Markt vertreiben, soweit sie insbesondere nach ihrer personellen, sachlichen und finanziellen Ausstattung imstande sind, ihre satzungsgemäßen Aufgaben der Verfolgung gewerblicher Interessen tatsächlich wahrzunehmen, und die Handlung geeignet ist, den Wettbewerb auf dem relevanten Markt wesentlich zu beeinträchtigen,
3. von einem Rechtsanwalt, der von Verlegern, Importeuren oder Unternehmen, die Verkäufe an Letztabnehmer tätigen, gemeinsam als Treuhänder damit beauftragt worden ist, ihre Preisbindung zu betreuen (Preisbindungstreuhänder),
4. von qualifizierten Einrichtungen, die nachweisen, dass sie in die Liste qualifizierter Einrichtungen nach § 4 des Unterlassungsklagegesetzes oder in dem Verzeichnis der Kommission der Europäischen Gemeinschaften nach Artikel 4 der Richtlinie 98/27/EG des Europäischen Parlaments und des Rates vom 19. Mai 1998 über Unterlassungsklagen zum Schutz der Verbraucherinteressen (ABl. EG Nr. L 166, S. 51) in der jeweils geltenden Fassung eingetragen sind.

Die Einrichtungen nach Satz 1 Nr. 4 können den Anspruch auf Unterlassung nur geltend machen, soweit der Anspruch eine Handlung betrifft, durch die wesentliche Belange der Letztabnehmer berührt werden.

(3) Für das Verfahren gelten bei den Anspruchsberechtigten nach Absatz 2 Nr. 1 bis 3 die Vorschriften des Gesetzes gegen den unlauteren Wettbewerb und bei Einrichtungen nach Absatz 2 Nr. 4 die Vorschriften des Unterlassungsklagegesetzes.

§ 10 Bucheinsicht

(1) Sofern der begründete Verdacht vorliegt, dass ein Unternehmen gegen § 3 verstoßen hat, kann ein Gewerbetreibender, der ebenfalls Bücher vertreibt, verlangen, dass dieses Unternehmen einem von Berufs wegen zur Verschwiegenheit verpflichteten Angehörigen der wirtschafts- oder steuerberatenden Berufe Einblick in seine Bücher und Geschäftsunterlagen gewährt. Der Bericht des Buchprüfers darf sich ausschließlich auf die ihm bekannt gewordenen Verstöße gegen die Vorschriften dieses Gesetzes beziehen.

(2) Liegt eine Zuwiderhandlung vor, kann der Gewerbetreibende von dem zuwiderhandelnden Unternehmen die Erstattung der notwendigen Kosten der Buchprüfung verlangen.

§ 11 Übergangsvorschrift

Von Verlegern oder Importeuren vertraglich festgesetzte Endpreise für Bücher, die zum 1. Oktober 2002 in Verkehr gebracht waren, gelten als Preise im Sinne von § 5 Abs. 1.

Artikel 2
Änderung des Gesetzes gegen Wettbewerbsbeschränkungen

Die Überschrift und Absatz 1 von § 15 des Gesetzes gegen Wettbewerbsbeschränkungen in der Fassung der Bekanntmachung vom 26. August 1998 (BGBl. I, S. 2546), zuletzt geändert durch Artikel 10 des Gesetzes vom 23. Juli 2002 (BGBl. I, S. 2850), werden wie folgt gefasst:

„§ 15 Preisbindung bei Zeitungen und Zeitschriften

(1) § 14 gilt nicht, soweit ein Unternehmen, das Zeitungen oder Zeitschriften herstellt, die Abnehmer dieser Erzeugnisse rechtlich oder wirtschaftlich bindet, bei der Weiterveräußerung bestimmte Preise zu vereinbaren oder ihren Abnehmern die gleiche Bindung bis zur Weiterveräußerung an den letzten Verbraucher aufzuerlegen. Zu Zeitungen und Zeitschriften zählen auch Produkte, die Zeitungen oder Zeitschriften reproduzieren oder substituieren und bei Würdigung der Gesamtumstände als überwiegend verlagstypisch anzusehen sind, sowie kombinierte Produkte, bei denen eine Zeitung oder Zeitschrift im Vordergrund steht.“

Artikel 3
Inkrafttreten

Dieses Gesetz tritt am ersten Tage des auf die Verkündung folgenden Kalendermonats in Kraft.

Die verfassungsmäßigen Rechte des Bundesrates sind gewahrt.
Das vorstehende Gesetz wird hiermit ausgefertigt.
Es ist im Bundesgesetzblatt zu verkünden.

Berlin, den 2. September 2002

Der Bundespräsident
Johannes Rau

Der Bundeskanzler
Gerhard Schröder

Der Bundesminister
für Wirtschaft und Technologie
Müller

Stichwortverzeichnis